SV

Durs Grünbein

JENSEITS DER LITERATUR

Oxford Lectures

Suhrkamp Verlag

2. Auflage 2021

Erste Auflage 2020
© Suhrkamp Verlag Berlin 2020
Alle Rechte vorbehalten, insbesondere das der Übersetzung,
des öffentlichen Vortrags sowie der Übertragung
durch Rundfunk und Fernsehen, auch einzelner Teile.
Kein Teil des Werkes darf in irgendeiner Form
(durch Fotografie, Mikrofilm oder andere Verfahren)
ohne schriftliche Genehmigung des Verlages reproduziert
oder unter Verwendung elektronischer Systeme
verarbeitet, vervielfältigt oder verbreitet werden.
Satz: Dörlemann Satz, Lemförde
Druck: CPI – Ebner & Spiegel, Ulm
Printed in Germany
ISBN 978-3-518-42951-8

Jenseits der Literatur

Inhalt

1 Die violette Briefmarke 9
2 Landschaft in Banden 32
3 Im Luftkrieg der Bilder 72
4 Für die sterbenden Kälber 112

Hinweise und Nachweise 141
Bildnachweise 166
Dank 167

1 Die violette Briefmarke

Denke ich an die Briefmarkensammlung meiner Kindheit, fällt mir zuerst ein Detail ein, das einem Traum entsprungen sein könnte, so aufdringlich sticht es hervor und tanzt mir wieder vor Augen, ein kleiner, viereckiger Schmetterling von der Farbe des Vitriol. Es gab da ein Album, gehütet wie ein verbotener Schatz, in dem waren Marken aus der Zeit des Dritten Reiches gehortet, darunter auch eine Reihe verschiedenfarbiger Köpfe des Mannes, dessen Name sich damals nur hinter vorgehaltener Hand aussprechen ließ. Was wußte ich als Kind von dem verfluchten Österreicher, dem Mann aus Braunau am Inn, der sich wie kein zweiter in die deutsche Geschichte eingemischt und eingeschrieben hatte?

Die Wertzeichen im gefährlichsten meiner Alben waren alle verkehrt herum einsortiert. Der finster blickende Volksverführer mit dem streng gescheitelten Haar stand darin kopf. Hatte ich das getan und warum? Ich weiß nicht mehr, war es eine Vorsichtsmaßnahme gewesen, aus Sorge, jemand könnte mein Album entdecken, oder ein Akt der Teufelsaustreibung, diesen Derwisch des Deutschtums so zu enthaupten?

Nur soviel weiß ich: Der Anblick von Briefmarken führt mich zuverlässig in die Paradiese der Erinnerung zurück, in eine Gartenschau auf kleinstem Raum. Vor den Kinderaugen war hinter den Klarsichtstreifen der Sammelalben eine ganze Welt in Miniaturbildern aufbewahrt. Briefmarken sind oftmals der erste *Orbis pictus* im Leben eines Kindes. In engster Anordnung ergeben sie ein Buch der sichtbaren Welt, nach Art der

Bilderfibel des Johann Comenius. Die Reihen der Marken erschienen mir damals wie Blumenbeete, alle wohlgeordnet und doch wild durcheinanderwirbelnd dank ihrer bunten, vielgestaltigen Motive. Da fand sich die Trachtengruppe dicht neben dem Bohrturm, das Eichhörnchen am Baumstamm neben dem Olypmpiasieger im Skispringen – Schätze internationaler Philatelie mit der Farbigkeit von Zirkusplakaten. Es gab die Marken der Malediven in ungewöhnlicher Dreiecksform und gleich daneben die großformatigen aus Brasilien mit den herrlichen Schmetterlingsmotiven.

Dagegen wirkten die Überbleibsel aus der Nazizeit seltsam streng und monoton. Sie waren, auf eine bedrückende Weise, einfallslos, schlicht in ihren Motiven – es gab da nur Adler und Burgen, brutale Stahlhelmmänner, Reiter und nackte Athleten, später auch kämpfende Wehrmacht aller Waffengattungen. Dazwischen aber tauchte der Diktator im Profil auf, als Typus des weitblickenden Staatsmannes. Ich weiß nicht, was in uns gefahren war, aber damals reizte uns diese widerwärtigste Figur des Zeitalters mächtig als finstere Märchengestalt. Er war der Dämon, den ein Bilderverbot, ein allgemeines Tabu von uns fernhalten sollte.

Das Briefmarkensammeln hatte ich irgendwann aufgegeben, die Alben verschwanden, wie vieles andere, auf dem Dachboden. Jahre später aber segelte mir beim Stöbern in ihnen eine Feldpostkarte mit einer violetten Marke entgegen. Es war ihre aufreizende Färbung, das Eisenhutlila, das mich auf Gedankenabwege brachte. Denselben Führerkopf gab es auch in den Varianten Erbsengrün, Kastanienbraun, Blutrot – selbst in harmlosem Orange, in der Farbe der Südfrüchte, trat er einem entgegen. Briefe und Ansichtskarten, die das bedrohliche Konterfei trugen, waren damals in alle Welt hinausgesandt worden.

In Expreßzügen wurden sie kreuz und quer durch das *erwachende* Deutschland gesandt und per Luftpost hinaus bis nach Amerika, China und Australien. Denke ich heute zurück an die kleinen Einheitsmarken, wird mir der Massencharakter des Nationalsozialismus mit einem Mal anschaulich. Ich frage mich, von wie vielen Millionen Menschen Hitler seinerzeit abgeleckt wurde, freiwillig oder widerstrebend, jedenfalls abgeleckt. Die Vorstellung dieser sklavischen Vielzüngigkeit, Doppelzüngigkeit, klebrigen Servilität hat etwas Entsetzliches.

Wenn es nicht das Schwammkissen am Postschalter war, dann mußte eine Menschenzunge ihn auf der Rückseite befeuchtet haben. Ich stelle mir all die Situationen vor, in denen das geschehen war, unbeachtete, intime Momente, und dazu die Anlässe und die verschiedenen Orte auf dem neuen europäischen Kriegsschauplatz. Den strahlenden Julitag am Tisch eines Münchner Biergartens oder einen Spätsommerabend in Wien unter Weinranken beim Heurigen nach dem Gruß an die Lieben daheim. Die Postkarte an die Tante, mit einem kräftigen Faustschlag auf die widerspenstige Marke besiegelt, wenn der Wehrmachtskamerad eben verschwunden war auf die Toilette. Oder beschwingt auf ein Briefchen an die Liebste geklebt, Monate vor der Abkommandierung an eine der Fronten. An einem Winterabend in der Wachstube einer Kaserne im besetzten Polen als Feldpostsendung, nach einem Ausgang durch Warschau, entlang der Barrikadenzäune des neu errichteten Ghettos – und einer schrieb an die Mutter: »Es wimmelt noch von Juden hier.« Oder zum Jubiläum *Zwei Jahre Generalgouvernement* aus einer Kaserne im besetzten Lublin verschickt. Aus einer Berliner Kaschemme nach durchwachter Nacht, Stunden bevor man den Truppenzug in Richtung Rußland bestieg.

Jedesmal war es der gleiche selbstvergessene Akt gewesen, etwas Affenhaftes wie das Lausen der Felle, das Ablecken eines

Stöckchens, an dem Ameisen kleben – ein bedingter Reflex, wie es im modernen, zwangsläufigen Leben nun so viele gab. Wer sich dabei ertappte, war wohl für einen Augenblick beschämt, dachte auch kurz an die Ansteckungsgefahr, vergaß es aber sofort wieder und hatte das nächste Stück Wertzeichen bereits angefeuchtet.

Die violette Briefmarke im Wert von sechs Pfennig mit dem Bild Adolf Hitlers und der Aufschrift *Deutsches Reich* – wie eine giftige Pflanze, eine Sumpfblüte, klebte sie da auf allen Postkarten jener Zeit. Ich erinnere mich, wie ich sie beim ersten Mal lange betrachtet habe, wohl wissend, daß ich etwas Verbotenes tat. Damals bin ich in dieses kleine Rechteck hinabgestürzt wie die neugierige Alice in den Kaninchenbau – und zwischen die Zeiten und Zeichen geraten. So muß sich ein Bergwanderer fühlen, wenn er im Gebirge unverhofft auf das seltene Edelweiß stößt.

Später, wenn mir die Marke hier und da wiederbegegnete, zitterte manchmal noch etwas von dem Gefühl des Ungeheuerlichen nach, von der beschämenden Erfahrung, damals durch schwankenden Boden gebrochen zu sein. Durch diese kleine Membran war ich, ohne Vorwarnung, hineingezogen worden in das grauenvollste Kapitel deutscher Geschichte. In Vladimir Nabokovs Erinnerungen *Speak, Memory* stieß ich später auf eine Stelle, die mir die längst verschollene Markensammlung wieder vor Augen führte. Der Erzähler berichtet von seiner Exilzeit im Berlin der dreißiger Jahre und davon, wie er mit seinem Kind, dem kleinen Dmitri, zum Spielen oftmals die öffentlichen Parkanlagen aufgesucht hatte. »Unser Sohn muß an jenem windigen Tag in Berlin (wo natürlich niemand der Bekanntschaft mit dem allgegenwärtigen Bild des Führers entgehen konnte) fast drei Jahre alt gewesen sein, als wir, er und ich, vor einem Beet mit bläßlichen Stiefmütterchen stehenblie-

ben, deren jedes auf dem nach oben gewandten Gesicht einen schnurrbartartigen Fleck hatte, und auf meine ziemlich alberne Anregung hin Bemerkungen über ihre Ähnlichkeit mit einer Schar nickender kleiner Hitlers machten.«

Es war diese Ähnlichkeit mit etwas scheinbar Naturgegebenem, einem Blumenmuster, eine bloße Farb- und Formimpression, die auch mich mit meinen Briefmarken in Verwirrung gestürzt hatte. Die violette Briefmarke, längst entrückt, plötzlich war sie wieder da, wurde größer und kleiner und oszillierte zwischen einer brutalen Nähe und einer schwindelerregenden Ferne. In dem Fetzen zähnchenumrandeten Papiers war sie greifbar geworden, die Formel vom Einzelnen und der Masse. Die violette Marke mit dem Profilbild des »Führers« war ein Abgrund, der jederzeit aufbrechen konnte. Hier der Einzelne als serielle, graphische Nummer, der Mann aus dem Wiener Männerheim, die inferiore Gestalt, *ein Namenloser, einer unter acht Millionen,* wie er sich selber in seinem Kampfbuch beschrieben hatte, und da ein Volk aus lauter Habenichtsen und Enttäuschten, die ihn, die gescheiterte Existenz, als einen aus ihrer Mitte an die Spitze gehoben hatten – eine Masse, die ihrerseits aus lauter Millionen Namenloser bestand. Die Briefmarke stand für den zufälligen Einen, den Einzelnen, der sich zum Medium der Vielen gemacht hatte, die ihn schließlich, auf dem Höhepunkt seines kometenhaften Aufstiegs, als Musterfall charismatischer Herrschaft, auf Millionen Wertzeichen, die nun überall durch das

Deutsche Reich schwirrten, ertragen und, selber ohnmächtig, beim Aufkleben der Marke anstarren mußten, wie ich ihn damals anstarrte, diesen unbekanntesten aller Bekannten mit dem streng gescheitelten Haar und der markanten Nase, der starr nach rechts schaute, in eine Zukunft, die Gott sei Dank keine war. Nun waren sie alle seinem Bewegungsdrang unterworfen, in ein Massengeschehen verstrickt, und es blieb ihnen nur der Postverkehr, um untereinander Kontakt zu halten, nachdem alles in einen Wirbel geraten war in dieser gründlich aufgewühlten deutschen Nation.

Die Sonderstempel auf all den Marken und dicht daneben – nicht sofort, aber nach und nach später, mit dem erwachenden Sinn für Geschichte, erhielten auch sie ihre Bedeutung. Die immer neuen Tagesbefehle und Durchsagen, die groß inszenierten Kampagnen, mit denen der Absender, ob er wollte oder nicht, sich damals gemein machte: *Nürnberger Parteitag! Saarland wird deutsch! Wehrkampftage der SA! Kraft-durch-Freude-Sammlung! Internationale Jagdausstellung! Vorsicht mit Feuer in Wald und Heide! Reiterturnier – Das braune Band! Breslau Deutsches Turn- und Sportfest! München Hauptstadt der Bewegung! Staatstreffen Hitler – Mussolini! Deutsch der Sudentengau! Der Führer in Wien! Leipzig Reichsmessestadt!* Und als die Tschechei dann, gegen alle Zusagen, eingenommen war: *Wir danken unserm Führer! Leibstandarte SS – Adolf Hitler! Ausstellung Das Sowjet-Paradies! Vollkornbrot: Besser und gesünder! Vermeidet Rundfunkstörungen! Weihnachtssendungen rechtzeitig aufgeben!* Dann, der Weltkrieg hatte begonnen, Deutschland war überall auf dem Vormarsch und zugleich vom Rest der Welt isoliert: *Winterhilfswerk! Luftschutz tut not! Kriegshilfswerk für das Rote Kreuz! Büchersendung der NSDAP für unsere Wehrmacht!* Und plötzlich wurde Europa zum neuen Schlagwort: *Europas Einheitsfront gegen den Bolschewismus! Europäischer Jugendverband Gründungstagung!* Und nach dem Wendepunkt in Stalingrad: *Sie starben für Großdeutschland! Ihr Opfer verpflichtet! Deutschland wird siegen!* Als aber alle Felle davonschwammen: *Deine Haltung entscheidet! Waffenstillstandskommission!*

Zwölf Jahre lang kollektive Gehirnwäsche, Durchhalteparolen, ununterbrochenes Trommelfeuer der Propaganda. Und dazwischen, als ginge alles seinen normalen Gang, der liebliche Kehrreim der Philatelisten, immer wieder, bis zum Ende des Krieges: *Tag der Briefmarke! Deutscher Philatelistentag!* Es gab die lokale Werbung, den Tourismusstempel: *Landshuter Hochzeit! Schaefers Märchenstadt! Stralauer Fischzug Berlin Treptow 1936! Herbstfest Rosenheim! Autoschau Berlin! Garmisch-Partenkirchen Internationale Wintersportwoche 1941! Deutsches Bundeskegeln Frankfurt am Main!* Und es gab die überregionale Ansage: *Erntedanktag! Kampf dem Kartoffelkäfer!* Und an die Chronisten mehr als an die Sammler gerichtet, Jahr für Jahr wieder: *Führers Geburtstag!*

Vieles davon, werbetechnisch betrachtet, waren Pioniertaten im Rahmen einer postalischen Ästhetik, die bis heute fortwirkt. In den ersten Jahren, und solange der Markenvorrat vorhielt, war auch Hindenburgs Kopf, der alte Preußenschädel des Reichsmarschalls, noch im Spiel. Ein Zeichen vielleicht der heimlichen Opposition, der verlorenen Hoffnung bei den Absendern, von denen viele das Davor noch gut kannten und das Danach allmählich fürchten lernten? Signale der Andersdenkenden, wer kennt den Einzelfall? Noch auf den letzten Feldpostsendungen taucht der Dickschädel des Siegers von Tannenberg regelmäßig auf. Was dachten Wehrmachtsangehörige, wenn sie ihre Briefe und Karten bei der Feldpoststelle einreichten, während zu Hause, wo Mutti und Vati auf Post warteten, die Städte in Schutt und Asche versanken?

Da aber war es längst zu spät. Da war gegen den anderen, den schnurrbärtigen Briefmarkenkönig mit dem bösen Erlöserblick, kein Kraut mehr gewachsen. Sein Portrait war nun allgegenwärtig, überall im Reich präsent. In jeder Amtsstube hing sein Konterfei, in jedem Schulzimmer, jedem Versammlungsraum von Wehrmacht, Partei und Reichsarbeitsdienst, und war nicht mehr wegzudenken. Nur sensible Menschen erleben solche Allgegenwart als persönliche Katastrophe. Die Entwertung der eigenen Gesichtszüge wie die aller anderen in einer Volksgemeinschaft, die so weit mitgelaufen war, daß sie nicht mehr zurückkonnte und in ihren Einzelschicksalen zuletzt in einer einzigen desaströsen Verhängniskette verschmolz.

Aber es gab auch Ausnahmen, natürlich gab es sie, seltsame Lebenswege, die anders verliefen, vollkommen neben der allgemeinen Spur. So wie der des Edmund Kalb, eines Malers aus Dornbirn in Vorarlberg, eines Österreichers, der den Anschluß nie akzeptieren konnte, der Gegen-Hitler per se. Kalb war der

Außenseiterkünstler, der kein Künstler sein durfte und darum lebenslang Außenseiter blieb. Ein Maler, wie jener einer war, der in Braunau am Inn geboren wurde und, nachdem er kein Künstler sein konnte, eine Bewegung gestartet hatte, in deren Verlauf er ganz Deutschland zum Gesamtkunstwerk formte mit der totalen Zerstörung des Landes als finsterer Krönung. Edmund Kalb dagegen, elf Jahre nach Hitler geboren, genau am Jahrhundertanfang, hinterließ ein Werk von über tausend Selbstbildnissen. Ein Werk, aus Notwehr entstanden gegen den allgemeinen Gesichtsverlust unterm Diktat dieses einen… »versulzt, verschlackt, ein teigiges Mondgesicht«, wie ein anderer Außenseiter, der Arzt Friedrich Reck-Malleczewen, in seinem *Tagebuch eines Verzweifelten* schrieb. Kalb ist der exemplarische arme Kerl in einem Volk, das sich der Führung von Verbrechern überließ. Wirtschaftliche Not zwingt ihn, sein Studium an der Akademie der bildenden Künste in München abzubrechen und ins Elternhaus zurückzukehren.

Niemand in seiner bäuerlichen Umgebung versteht ihn, zeitlebens bleibt er für sie der Sonderling. Nach dem Anschluß Österreichs verschärft sich seine persönliche Lage. Im Januar 1942 wird er zur Wehrmacht eingezogen, wo er fortwährend mit seinen Vorgesetzten in Konflikt gerät. Er verbringt fast die ganze Kriegszeit in Untersuchungsaft, von Militärgefängnis zu Militärgefängnis weitergeschoben. In der psychiatrischen Akte, die über ihn angelegt wird, wird vermerkt, er habe das Anschreien nicht vertragen. Schließlich habe er sich in der Zelle sehr wohl gefühlt und getrachtet, möglichst viel eingesperrt zu sein, damit er in den Genuß der gewünschten Ruhe komme, die er sonst doch nicht gehabt hätte, und damit er über mathematische Probleme nachdenken könne. Während dieser Zeit unterhält er einen regen Postverkehr mit seinem Vater und den Verwandten, wobei er auf den zahlreichen Briefen die Marken mit dem Portrait des Adolf Hitler in zwei Hälften zerschneidet, als magische Handlung, eine Art Schadenzauber. Oder er geht so weit, den Führerkult lächerlich zu machen, indem er die Rückseite der Briefumschläge flächendeckend mit Ein-Pfennig-Marken pflastert, die alle den Hitlerkopf tragen und die er teilweise zu Mustern arrangiert. Die verzweifelten Aktionen eines Humoristen: Anscheinend konnte man diesen Mann nur exorzieren, indem man sein Abbild so vervielfachte, daß es absurd wurde. Vernichten ließ er sich dadurch nicht, satanischerweise hat er gerade im Bild überlebt. Bis heute besitzt er die Gabe aller wahrhaft Untoten und kehrt einfach immer wieder. Hunderte Male im Jahr feiert er auf allen Fernsehkanälen seine Auferstehung in Sendungen wie *Hitlers Paladine*, *Die Frauen um Hitler*, *Hitlers Blitzkrieg* oder *Hitler auf dem Obersalzberg* (in Farbe).

Dieser Edmund Kalb – schon der Familienname scheint ihn prädestiniert zu haben – war ein monomanischer Künst-

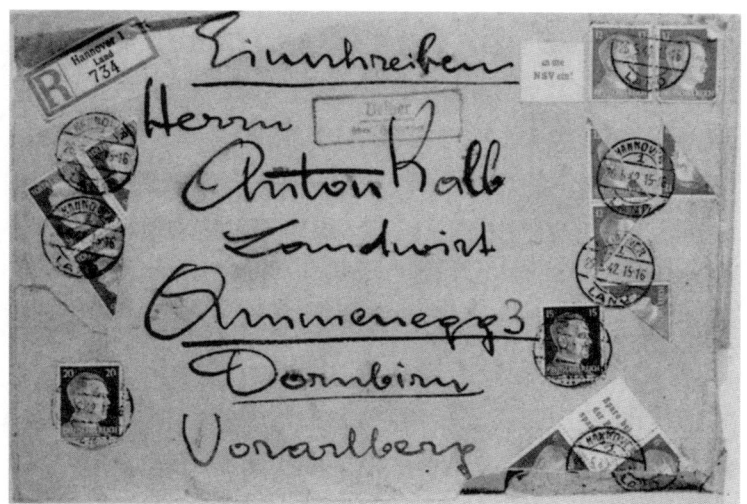

ler, zeitlebens verkannt, allen voran von der eigenen Sippe, die ihn verleugnete und der er als sogenannter querulatorischer Psychopath, wie die behandelnden Ärzte seinen Fall diagnostizierten, peinlich war. Kalb war der Unerschrockene, gegen den kein Kraut gewachsen war. Die Liste seiner Vergehen war lang: Widerstand gegen die Staatsgewalt, Gehorsamsverweigerung, Beamtenbeleidigung, Mißachtung der psychiatrischen Gutachten. Und es ist kein Zufall, daß sein Martyrium sich fortsetzte, als der Krieg längst aus war. Sofort geriet er wieder mit der Gendarmerie in Konflikt. Und jedesmal sorgte er bei seinen Verhaftungen für öffentliches Aufsehen. Zeugen berichten, daß er während einer der vielen Eskortierungen, die wegen der Umstände, die er gemacht hatte, im Auto erfolgen mußten, öfters die Hände zum Fenster herausstreckte, um den Leuten die Schließkette zu zeigen. Einmal hatte er, als es noch lebensgefährlich war, bei einer der Vernehmungen den einfachen Gedanken zu Protokoll gegeben: Wenn der Führer alles könne, dann solle er doch die Quadratur des Kreises lösen oder die Wurzel aus zwei, dann erst glaube er, daß dieser Mann wirklich so fähig sei. Es bleibt ein Wunder, daß Kalb damals nicht auf der Stelle erschossen wurde. Mehrmals geriet er in Situationen, die anderen Querulanten im Dritten Reich zum Verhängnis wurden.

Noch im Februar 1945 war er in einer Anstalt bei Dessau in Haft, und beim Anrücken der Engländer wurde er, ganz allein, mit einem eigens für ihn abgestellten Wachposten von Gefängnis zu Gefängnis geschickt. Schließlich sei er auf diese Weise in den letzten Kriegstagen nach Prag gekommen. Man stelle sich vor: Ein Soldat der Wehrmacht, aus tiefstem Herzen Deserteur, nicht nur aus diesem sinnlosen Krieg, sondern aus Hitlers Reich und der dem Führer hörigen deutschen Bevölkerung ingesamt, schafft es wie *Bartleby, der Schreiber* aus Herman Melvilles Novelle, einfach nein zu sagen, und überlebt, weil er nicht zu fassen ist in seiner Renitenz, die sich dem kollektiven Geschehen verweigert. Und er weiß zu sprechen und führt selber über das ihm angetane Unrecht Buch. Nachdem er endlich aus dem letzten Gefängnis entlassen wird, kehrt er zurück zu seinen Wurzeln. Er bringt sich, Vegetarier, der er ist (wie Franz Kafka und sein Lebensgegner Adolf Hitler), als Selbstversorger durch Anbau von Gemüse und Getreide durch. Er experimentiert mit Baumveredelungen und wagt sich an die Okulation von Obstbäumen. Noch Jahre nach seinem Tod können Verwandte von einem der von ihm veredelten Birnbäume, wie es heißt, kübelweise Zwetschgen und Birnen ernten. Schließlich baut er, angeregt von russischer Fachliteratur, in der solche Versuche in Sibirien referiert werden, in Dornbirn Reis an. Dies alles hält er, wie die Stationen seines briefmarkenkleinen Lebens, in Tagebuchaufzeichnungen fest. Er ist sich dessen bewußt, wie vor ihm Pascal, wie Ludwig Wittgenstein, daß alles, was er tut, einer Notwendigkeit folgt und getan werden muß.

Einmal auf dem tiefsten Grund der Irritation, hält er den Gedanken fest: daß die vielfältigen Gefühle, die einem beim Wahrnehmen der Welt begleiten, nie in Worten auszudrücken sind – sondern allenfalls, hin und wieder mit etwas Glück, mit Hilfe von Zeichnungen. In seinem Tagebuch kommt er öfter auf dieses Mißverhältnis der Worte und der Bilder zu sprechen. Einmal schreibt er mit einer Wehmut, die nur die Einsicht in die Unmöglichkeit, den inneren Reichtum je zum Ausdruck zu bringen, diktiert: »... ich bedaure immer nur dass es kein Mittel giebt ein Gefühlserlebnis an sich wie es sich selbst erlebt in *statu nascendi* zu übertragen und aufzubewahren. Die Menschen hätten gegenseitig mehr Verständnis und Willen zu Verständnis zueinander.«

Hitlers Gesicht, so beschreibt es der zornige Reck-Malleczewen, der ihn in München aus nächster Nähe zu sehen bekam, in seinem Tagebuch: »eine arme Exkrementalvisage, in jedem

Zoll so etwas wie ein Mittelstandsantichrist«. Was würdest du tun, habe ich mich gefragt, wenn so ein allmächtiger Kopf in deiner Zeit auftaucht und dir dein Leben schwermacht?*

Aber so war es doch: In meiner Kindheit und in der Schulzeit gab es auf Plakaten, in den Lehrbüchern die allgegenwärtigen Lenin-Portraits, von denen Joseph Brodsky, ein anderer von Führerbildern Geplagter, gesagt hat: »In gewisser Weise verfolgt dieses Gesicht jeden Russen und suggeriert ihm einen Standard menschlicher Erscheinung, weil es jeglichen Charakters restlos entbehrt.« Es gab die Honecker-Portraits in den Amtsstuben landauf und landab. Und es gab, in den ersten Jahren meines Erdendaseins, auch Briefmarken mit dem Profil Walter Ulbrichts. Grüne und rote und blaue Marken waren das. Der sächsische Kommunistenführer sah darauf aus wie der gute Onkel mit dem gepflegten Spitzbart. Man konnte ihn für den Weihnachtsmann des Sozialismus halten. Ich finde sie auf den Postkarten und Briefen wieder, die ich damals aus dem Ferienlager an die Eltern nach Hause schickte. Heute erscheinen sie mir als historische Nichtigkeit. Wer war schon Walter Ulbricht, daß er eine eigene Briefmarke beanspruchen konnte? Philatelisten mögen die Zeit daran erkennen. Furcht und Schrecken aber wie der Anblick des violetten Hitler werden sie niemals auslösen können. Nichts war vergleichbar mit dem Größenwahn, den dieser eine Mensch, noch *in effigie*, ausstrahlte bis über den Tod hinaus.

Ich bin ihm, das weiß ich noch, bei meinen Großeltern in Gotha zum ersten Mal begegnet, als Kind von zehn oder elf Jahren. Damals stieß ich bei meinen Streifzügen durch das uralte Haus in der Querstraße auf etwas Obszönes. Es war ein Fundstück, auf das niemand mich vorbereitet hatte, etwas so Verschwiegenes, daß ich mir wie ein Dieb vorkam, der in ein Familiengeheimnis eindrang. Es war der Moment der Übertretung, wenn eine innere Stimme dir sagt: Davon darfst du keinem erzählen. Ich fand es, versteckt unter Papierbündeln, in einer Kommode auf dem Wäscheboden. Der Eingang zu der mit Holzgittern versperrten Höhle lag eine halbe Treppe tiefer als die Großelternwohnung. Dieser Unort in einem Zwischengeschoß gehörte zu den mancherlei Rätseln in dem labyrinthischen, den kindlichen Raumsinn verwirrenden Haus aus der Barockzeit, mit den verwinkelten Korridoren auf jeder Etage und einem Keller unter der Bäckerei im Erdgeschoß, der sich wie ein Bergwerksschacht auftat mit seinen abschüssigen Gängen.

Nun war das Herumstöbern in diesem Alter an sich schon erregend genug, plötzlich aber war ich in einen Hinterhalt geraten. Ich hatte herumgestöbert, und es gab die Kommode mit ihren verlockenden Schubladen. Und da war das Buch mit dem dunkelblauen Einband, von Feuchtigkeit gewellt. Die Ekken waren zerschlissen, von Mäusen oder Ratten benagt, der Buchdeckel hing lose herab. Was ich fand, war ein vergilbtes, verbogenes Exemplar von *Mein Kampf*.

Es war, so wurde mir viele Jahre später von einem Kenner als Erklärung nachgereicht, die sogenannte Hochzeitsausgabe des einstigen Volksbuchs der Deutschen. Mitte der dreißiger Jahre hatten die Großeltern in der thüringischen Kleinstadt Langensalza geheiratet. Bei der Trauung hatte ihnen der Standesbeamte, wie es im Dritten Reich üblich war, das neue Evangelium feierlich überreicht: »Dem jungvermählten Paare mit den besten Wünschen für eine glückliche und gesegnete Ehe«. War es aus falschem Stolz oder Sentimentalität, jedenfalls wurde die gefährliche Schwarte über das Kriegsende und die Gefahr einer Razzia durch russische Soldaten hinaus aufbewahrt. Man hatte die Hetzschrift versteckt, statt sie still zu entsorgen, wie es sich nach dem Untergang gehörte. Mit Sicherheit war es

Großvater gewesen, der das Buch aufbewahrt hatte, aus Pietät gegen den Führer, seinen obersten Dienstherrn, dem er sich als Polizeiassistent, Beamter auf Lebenszeit der Stadt Gotha, noch über dessen Tod hinaus verpflichtet fühlte. In seinem Namen war er ernannt worden und durfte, wie es in der Ernennungsurkunde hieß, *des besonderen Schutzes des Führers sicher sein.*

Unfaßbar lange habe ich damals die Visage des obersten Trauzeugen betrachtet. Ich hatte das Buch aufgeschlagen, und da war er: Hitler in Frontalaufnahme, die einzige Illustration, der Schrift als brutale Introduktion wortlos vorangestellt. Er trug das Braunhemd der SA und die Schirmmütze, ein Lederriemen spannte sich quer über die Uniformbrust. Das Gesicht war auf Glanz poliert wie ein Paar Stiefel, ein angespanntes, manisch von innen her flackerndes Wachsfigurengesicht. Dieser Mensch war offensichtlich zu allem entschlossen, so hatte er sich der Kamera präsentiert. Heinrich Hoffmann, sein Hofphotograph, Gründer des Münchener *Photohauses Hoffmann*, in dem die junge Eva Braun ihre Lehre absolvierte, wo der Legende nach Hitler ihr erstmals begegnete, hatte seinen Meister so inszeniert. Er war der Werbefachmann der braunen Bewegung gewesen.

Adolf Hitler sah einem tief in die Augen wie einer, der darauf brannte, Millionen zu verhexen. Er hatte dazu den berühmten Schäferhundblick aufgesetzt, den animalischen, funkelnden Blick des Hypnotiseurs, der bedingungslose Treue einforderte. Näher als in diesem Moment bin ich dem Schreckensmann nie gekommen. Ahnungslos war ich als Kind in eine Falle getappt. Die Theatralik begriff ich erst viele Jahre danach, die Schauspielermaske, sich mit gezielten Standphotos den Autogrammjägern in die Herzen zu bohren. Daß im Dritten Reich alles eine Frage der Inszenierung war, auch die geschaffenen

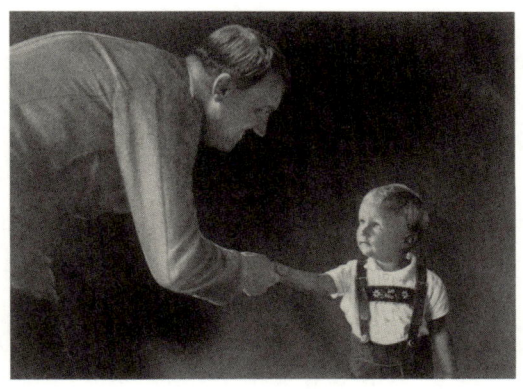

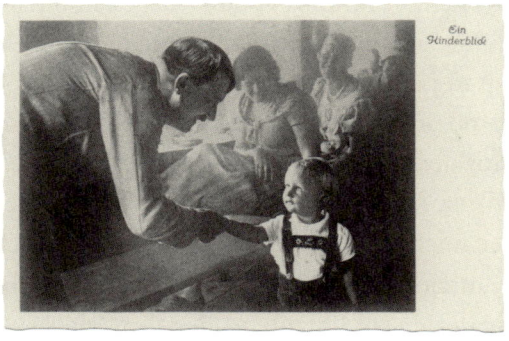

Tatsachen, weil hier zum ersten Mal ein Regime am Werk war, das alle Verhältnisse medienwirksam manipulierte, auch und vor allem die zwischen dem Einzelnen und der Masse, zwischen Propaganda und Wirklichkeit, groß und klein.

Was wußte ich schon von den Tricks und Techniken der Photomonteure, von Hitlers Kameramann und seinen Probeaufnahmen mit dem angehenden Politiker in Rednerpose im Atelier? Davon, daß er als Einziger nachher das Privileg besaß, den Diktator aus nächster Nähe zu photographieren, und daß jedes offizielle Bild des Herrschers zunächst ihn als Instanz und später die Reichspressestelle als Zensur durchlaufen mußte, bevor es in Massenauflage ging? Für mich war ein Photo ein

Photo, ich war das naive Kind. Eine Photomontage wäre mir, hätte man mir die Methode zu erklären versucht, als eine Finte aus der Welt der Erwachsenen erschienen.

Natürlich durfte ich keinem von meinem Fund erzählen. Hier war eine Linie überschritten, und das wußte ich instinktiv. Durch einen dummen Zufall, von Neugier getrieben, war ich in die Rumpelkammer der deutschen Geschichte geraten. Ich war zum Mitwisser eines Familiengeheimnisses geworden, so schmutzig, daß es mit keinem zu besprechen war. Die Großeltern darüber zu befragen war unmöglich. Damit hätte ich zugeben müssen, in ihrem Privatleben geschnüffelt zu haben. Schlecht fühlte ich mich, dreifach schlecht – als Wühlmaus, Angsthase und als der mißratene Enkel, der in verbotene Zonen vorgestoßen war. Es war alles meine Schuld. Hitler, der Zauberer aus dem Naziland, hatte mich, in einer Sekunde der Unachtsamkeit, kalt erwischt. Von da an hatte dieser Mensch Macht über mich, über mein kleines, bis eben noch von der Geschichte unberührtes Leben. Auch ich, ein Schulkind in den Sommerferien auf Urlaub bei den Großeltern, war nun in den Bannkreis geraten.

Wie jeder andere habe auch ich gelernt, im Laufe der Jahre mit der fatalen Erbschaft zurechtzukommen. Zur Ruhe gefunden habe ich nie – und wie auch? Es kam vor, daß mich nach dem Geschichtsunterricht in der Schule, nach all den antifaschistischen Belehrungen, nach jeder Konzentrationslagerbesichtigung (Buchenwald, Ravensbrück, Sachsenhausen), jedem Ausstellungsbesuch zum Thema Nationalsozialismus wieder das kalte Grausen packte. Einmal sind wir auf Klassenfahrt auf dem Ettersberg gewesen, in Buchenwald zeigte man uns die Lampenschirme aus Menschenhaut und den Raum mit der Genickschußanlage. Der Großvater eines Klassenkameraden, Sohn eines Chirurgen aus Hellerau, war dort gewesen. In den Stunden zur Vorbereitung der Jugendweihe war der KZ-Großvater zu uns in die Schule gekommen, hatte von den Foltermethoden erzählt, ein kleiner gebeugter Mann, den ich manchmal beim Bäcker sah, unten am Marktplatz, ein verdienter Antifaschist.

Aber auch in den stillen Momenten der Vergegenwärtigung, beim Stöbern auf Flohmärkten, bei der Auswertung antiquarischer Fundstücke – Postkarten, Bücher, Photographien – war die Verstörung sofort wieder da. Im Laufe der Jahre wuchs sie sich zu einer mächtigen Erinnerungsdepression aus.

So erging es mir einmal, als ich im Berliner Postmuseum an der Leipziger Straße plötzlich vor einem blutroten Briefkasten stand. Rot war die Reichspost im Großdeutschen Reich, die reine Farbsensation! Ein bloßes Objekt, und was war schon harmloser und unschuldiger als ein Briefkasten? Es gibt im Alltag weniges so Herzerfrischendes wie die gelben Briefkästen an mancher Straßenecke der Stadt. Ein Briefkasten taucht auf – und das Kinderherz jubelt. Ich weiß es von meinen Töchtern: Noch jede hat wieder, kaum konnte sie sich auf den Zehenspitzen ausstrecken, darum gebettelt, den Brief oder die Postkarte selber in den Schlitz schieben zu dürfen

Hier war die Anlaufstelle unserer Sehnsüchte, hier ließ es sich innehalten in einem Moment der geregelten, wohlfunktionierenden Fernstenliebe. Ich habe Menschen gesehen, die vor dem Einwerfen eines Briefes zögerten, einen Moment lang gedankenverloren lächelnd. Und da war nun dieser rote Briefkasten, unfaßbar. Überall im Deutschen Reich waren damals solche roten Briefkästen aufgestellt. Rote Fernsprecherhäuschen säumten die Straßen der Innenstädte vom Breisgau bis nach Danzig schon ein Jahr nach der Machtübernahme. Landauf, landab fuhren die knallig roten Kraftpostwagen Pakete und

Briefe aus, PS-mächtige, bullige Fahrzeuge, die mehr Eindruck machten als heutzutage die Feuerwehr, während die Löschzüge, die nach dem Sirenenalarm durch die zerbombten Innenstädte irrten, tiefgrün wie der deutsche Wald lackiert waren oder schwarz wie die Nacht.

Was hatten all diese Signale zu besagen? Wechselten denn die Farben mit der politischen Ordnung? Die schwarzen Uniformen der SS-Totenkopfverbände, die braunen ihrer Vorreiter, der Schlägertrupps von der SA, oder die ehemals grünen, nunmehr einheitlich blauen (europafarbenen) Dienstanzüge der Polizei in der Bundesrepublik – Farbe, so scheint es, ist immer die letzte, aktuelle Abstraktionsstufe jeder sozialen Organisation. Warum ist die Feuerwehr heute rot und die Post einheitlich gelb, frage ich mich, wenn ich nachts durch Berlin streife und mit dem Hund um die Briefkästen ziehe. »A man lost in time / near KaDeWe«, wie David Bowie singt, in einem seiner melancholischen Songs, bevor er verschwand mit der Frage: »Where are we now?«

Die Farben und die Erinnerungen: In der Mode, in der Politik, selbst in der Poesie scheinen sie die allergrößte Rolle zu spielen. Was hatte es auf sich mit den verschiedenen Farben der politischen Bewegungen, was war deren Funktion? Blau für Europa, Gelb für die Liberalen, während die Neonazis noch immer das Schwarz bevorzugten, schwarze Bomberjacken und Boots, chic wie der Tod.

Worum ging es da bei der farblich einheitlichen Verhüllung der Körper? Gab es das schon im Tierreich? Was war dort die Funktion? Gab es evolutionäre Gründe für die Färbung gleichartiger Tiere? Schnelle Erkennung, Paarungssignale, Abschreckung natürlicher Feinde, Schutz vor Infektionen, Vorteile bei Fortpflanzung und Nahrungssuche?

»Im Rot«, heißt es in dem Buch, das ich auf dem Dachboden der Großeltern fand, »sehen wir den sozialen Gedanken der Bewegung, im Weiß den rationalistischen, im Hakenkreuz die Mission des Kampfes, den Sieg des arischen Menschen und zugleich mit ihm auch den Sieg des Gedankens der schaffenden Arbeit, die selbst ewig antisemitisch war und antisemitisch bleiben wird.«

Da war aber auch das Motiv der Tarnung, Camouflage war eine Sache des Militärs. Warum Rot, die Farbe des Blutes, lange Zeit Signal für den Aufbruch in eine bessere Welt, den Kommunismus, der so viele Herzen im Namen der Gleichheit, der gerechten Güterverteilung zu mobilisieren wußte? Rotfront, der rote Stern der Sowjetunion und selbst das milde Rot der Sozialdemokratie. Während Braun der gemeinsame farbliche Nenner für eine Bewegung war, in der sich die Rückwärtsgewandtheit Bahn brach, das Ressentiment, der Rassismus, das Gewaltprinzip und das chauvinistische Wir-Gefühl. »Es ist schwer zu begreifen«, schreibt der erste Hitlerbiograph Konrad Heiden, »warum gerade dieses helle, gelbgemischte Braun, wohl die häßlichste Farbe der ganzen Skala, zum Zeichen der Bewegung gewählt wurde. Der Gedanke liegt nahe, daß bei der Wahl dieser grellen Schmutzfarbe ungesundes Empfinden mitsprach.« Anspielungen auf Elemente der Kameradschaftserotik in den SA-Männerbünden und auf Freuds anale Triebphase sind das eine, etwas anderes ist das Motiv politischer Regression schlechthin, das sich in diesem schmierigen Braun ausdrückt. Kackbraun: die Kennfarbe einer Politik des Wiederkäuens und der Verdauung, nach einem Wort von Karl Marx und Friedrich Engels – für *die ganze alte Scheiße?*

Das Zitat war mir, ich erinnere mich, zuerst im Studium begegnet, in einer Vorlesung über Politische Ökonomie an der Humboldt-Universität. Ich war damals bestürzt über die Drastik des Ausdrucks. Es stammte aus einer Schrift mit dem Titel »Die deutsche Ideologie«. Darin ging es um die Entwicklung der Produktivkräfte, mit der die moderne empirische Existenz gegeben sei, eine Entwicklung, die Menschheit als eigentumslose Masse erzeuge und damit in Widerspruch gerate zu einer vorhandenen Welt des Reichtums und der Bildung. Sie treibe, hieß es da, die Entfremdung aller nur immer weiter voran, was aber eine absolut notwendige praktische Voraussetzung sei, weil ohne diese Produktivkräfte »nur der *Mangel* verallgemeinert, also mit der *Notdurft* auch der Streit um das Notwendige wieder beginnen und die ganze alte Scheiße sich herstellen müßte«.

Und war der Faschismus etwa keine europäische Bewegung gewesen, die aus dem Weltkrieg erwuchs und sich auf die Notdurft einzelner Völker berief, auf den Streit der Nationen um das Notwendige (Siedlungsraum, Rohstoffe, Familienpolitik), eine wahnhafte Aufwärtsbewegung, die mit den entwickeltsten Produktivkräften ein Höchstmaß an Zerstörungsgewalt entfesselte – Massenmord, Raubkrieg, brachiale Umverteilung, indem sie den Mangel als Mangel immer nur weiter verallgemeinerte? In Reaktion darauf war die Gesellschaft des DDR-Sozialismus entstanden, in der alle Farben verblaßten und einem allgemeinen Grau-in-Grau wichen, alle Farben bis auf diese eine – das unerreichbare Rot auf den Tribünen, Untergrund der immer höher hängenden, uneinholbaren Losungen.

Was hatte das alles mit meiner Briefmarke zu tun? An sie muß ich denken, jedesmal, wenn der »Führer«, diese finstere Leitfigur des Zeitalters, wieder durch alle Medien geistert. Kein Fernsehabend vergeht ohne eine Filmkompilation zum Thema: *Der Führer und der Blitzkrieg* (martialisch), *Hitler und seine Paladine* (Klatschjournalismus), *Die letzten Tage im Bunker*

(Apokalypsendramaturgie), *Hitler und die Frauen* (mit Schlagern der Zeit untermalt, charmant). An die Marke muß ich denken, sobald wieder eine neue Biographie des Mannes, der keine zwölf Jahre brauchte, um Deutschland zugrunde zu richten, die Historiker ernsthaft beschäftigt. Siebzehn Jahre nach Kriegsende bin ich geboren, siebzig Jahre sind seit dem Selbstmord im Bunker der Reichskanzlei, nach der Blitztrauung mit Eva Braun, vergangen. Aber auch für diesen Autor, der »das heilige Anspruchsrecht der Muttersprache« für sich reklamierte, gilt die Tantiemenfrist. Eben erst wurde in Deutschland *Mein Kampf*, das Buch, das mir auf dem großelterlichen Dachboden solche Angst eingejagt hatte, mit dem Segen der Bundesregierung neu verlegt, von einer Historikerkommission philologisch betreut, als handele es sich um einen Klassikertext. Und noch immer erschrecke ich, wenn sein Name genannt wird. Was ist da los? Jedesmal, wenn er in der Presse auftaucht, etwa als Titelzeile auf Seite eins der *BILD*-Zeitung (»Hitlers Krokodil in Moskau gestorben!«), kommt mir wieder die violette Briefmarke in den Sinn.

Mit ihr hatte es angefangen, von diesem nichtigen Fleck war alle Unruhe ausgegangen. Wie ein giftiger Schmetterling hatte sie sich von den Kuverts und Postkarten jener Zeit gelöst und war mir hinterhergeflattert durch die Zeiten. Ich werde das dumpfe Gefühl nicht los, daß sie auch in Zukunft hier und da noch meinen Weg kreuzen wird.

2 Landschaft in Banden

Postkarte: Düsseldorf, 1937
Reichsausstellung »Schaffendes Volk«,

Dear Mrs. Cumberland!
This is the entrance to the exhibition
which is very fine – indeed
and enormous!
I am thoroughly enjoying myself.
They are very kind and drive me
all over the place. Yesterday
we had been on the Autobahn
to visit the city of Essen.
That was great fun!

AUTOBAHN: Lange bevor das Wort in der Welt war, das als technische Formel alle Hindernisse beiseite räumte und eine ganze Industrie mobilisierte, gab es die Idee. Sie war es, die den Horizont öffnete in Perspektiven einer planen Schnellstraße für motorisierte Wagen, die in möglichst gerader Linie durch Täler und über Hügel weit entfernte Punkte auf der Landkarte verband. Verwirklicht wurde sie zuerst in Italien – nicht zufällig: Es war auch das Land, in dem die Bewegung des *Futurismus* entstand.

Piero Puricelli, ein Mailänder Tiefbauingenieur, hatte sie in aller Weitsicht erfaßt, lange bevor die Verkehrsplaner in ganz Europa sie aufgriffen und weiterentwickelten. Es war der Start zu einem Unternehmen, das nachher alle Industrienationen des Kontinents in einen Wettlauf verwickeln sollte. Die oberitalienischen Autobahnen waren der Anfang, erste Streckenabschnitte entstanden zwischen Mailand und Sesto, mit Abzweigen nach Varese, Como und Bergamo – dort wurden die frühesten Schnittmuster der neuen *autostrade* geschaffen.

Im deutschen Sprachgebrauch ist das Wort »Autobahn« erstmals im Jahr 1929 nachweisbar, in einem Artikel des Vorstandsvorsitzenden der HaFraBa e.V., Professor Otzen: Das öffentliche Straßennetz, heißt es da, habe mit der »Nur-Autostraße« nichts mehr zu tun, man müsse statt dessen von *Autobahnen* sprechen. Die HaFraBa war der Verein zur Vorbereitung der Autostraße zwischen den Hansestädten Hamburg–Frankfurt–Basel. »Europa wird kleiner durch Autobahnen«, erklärte einer ihrer Vertreter in einer frühen Denkschrift. Der erste mit öffentlichen Geldern finanzierte Abschnitt war dann die Verbindung Köln–Bonn, eine Fahrtstrecke von kaum mehr als zwanzig Kilometern, 1932 fertiggestellt, vom damaligen Oberbürgermeister Konrad Adenauer eingeweiht, da war der italienische Faschismus im Jahre X seiner Herrschaft. Aber noch fehlte es für ein gesamtdeutsches Unternehmen am übergreifenden Schwung. Unmöglich, daß einzelne Firmen einen Auftrag von solcher Größenordnung aus eigenem Antrieb hätten bewältigen können. Die Wirtschaft der Weimarer Republik war dazu nur ansatzweise in der Lage, zu verzettelt waren die verschiedenen Industriezweige, deren Zusammenspiel es für ein solches nationales Aufbauwerk gebraucht hätte. Immerhin war die Planung in den letzten Jahren des demokratisch verwalteten Deutschland zügig vorangeschritten.

Zum Mythos der Reichsautobahn gehörte der symbolische SPATENSTICH – er sollte den Beginn einer neuen Zeitrechnung markieren. Mit ihm stilisierte sich der neue »Volkskanzler« Adolf Hitler im September 1933, noch im Jahr des Machtantritts, als ein Mensch der Tat – Schöpfer eines nationalen Aufbauwerkes. Der »Führer« packt selber an, hebt frische Erde aus, eine Haarsträhne fällt ihm vor Anstengung in die fahle Cäsarenstirn. Bildwirksam wie alle Inszenierungen unter dem neuen Regime wurde mit diesem Akt, tausendfach auf Postkarten und Sonderdrucken verherrlicht (und bis zur Abstraktion als Pathosformel retuschiert), der Arbeitslosigkeit der Kampf angesagt – Propaganda, die überdauert hat und unter den Deutschen fortwirkte bis weit nach dem Untergang des Tausendjährigen Reiches. Und waren nicht tatsächlich drei Jahre nach Baubeginn schon tausend Kilometer Schnellstraße fertiggestellt? »Gebt mir vier Jahre Zeit«, hieß die große Verkehrsausstellung, in der die neue Regierung ihre Erfolge feierte. Darin spielte die Erzählung vom Autobahnbau eine zentrale Rolle, auf riesigen Bildtafeln wurden die neuen Großbaustellen, die ersten Brückenkonstruktionen präsentiert.

Die Reichsautobahn war das gewaltigste Bauwerk des Natio-

nalsozialismus und zugleich sein dauerhaftestes. Die Gauforen verfielen oder wurden nach Kriegsende gesprengt, Thingplätze, Kriegerdenkmäler und Feierstätten in alten Granitsteinbrüchen still und heimlich abgetragen. Vom Ensemble des Nürnberger Reichsparteitagsgeländes auf dem Zeppelinfeld sind nur Reste geblieben, und die Reichskanzlei wurde nach dem Endkampf um Berlin dem Erdboden gleichgemacht. Was erhalten blieb von der Architektur jener Jahre, wurde umgebaut, umbenannt, bis zur Unkenntlichkeit saniert, im Gesamtbild der Städte sticht es kaum mehr hervor. Überlebt aber haben die Autobahnen, die keiner in Frage stellt, weil der Verkehr weiterhin über sie abgewickelt wird, im Ostteil des Landes zu Zeiten der Teilung ebenso wie im Westen. Brückenkonstruktionen waren entstanden, die Jahrhunderte überdauern sollten, Abzweige und Raststätten wurden geschaffen, die noch heute wie am ersten Tag ihre Funktion erfüllen. In ihrer fortgesetzten Nutzung schien sich erfüllt zu haben, was Fritz Todt, Hitlers Generalinspektor für das Straßenwesen, der im Krieg dann folgerichtig zum Reichsminister für Bewaffung und Munition ernannt wurde, mit maximalem Pathos verkündet hatte: »Diese Bauwerke sollen nicht gedacht sein für das Jahr 1940, auch nicht für das Jahr 2000, sondern sie sollen hineinragen gleich den Domen unserer Vergangenheit in die Jahrtausende der Zukunft.«

Auch ausländische Journalisten fielen bereitwillig in den Chor der Schwärmer ein. Ein gewisser Stanley McClatchie »aus U.S.A.« schreibt in hemmungsloser Bewunderung für die Errungenschaften des Hitler-Regimes: »Menschen kommender Jahrtausende werden auf die Reichsautobahn zurückschauen wie wir heute auf die Pyramiden, die Römerstraßen und die Chinesische Mauer.«

Neu und erschreckend langlebig waren die technischen Lösungen, sie fielen aus aller bisherigen Architekturgeschichte heraus. Man sprach von Wunderwerken moderner Ingenieurskunst aus Naturstein, Stahl und Beton. Nicht nur den Gleichgesinnten, auch allen Zeitgenossen und selbst den neugierigen Deutschlandbesuchern aus dem Ausland erschien die Autobahn damals als ein Vorzeigewerk der Moderne, als Kollektivbau den Monumenten des Alten Ägypten vergleichbar, nur weitaus raumgreifender, landschaftumschließend. Ein von aller Religion abgekoppeltes, aber doch gleichsam sakrales Werk aller ameisenhaft in die neue Technikgesellschaft eingebundenen fleißigen Gesamtarbeiter (Marx), dem Flußverlauf des Faschismus folgend, streng funktional, zum Nutzen der idealen Volksgemeinschaft. Dazu gab es Formeln, die jedes Kind im Schüleraufsatz zitieren konnte. »Erst wo Deutschland aufhört, darf das erste Schlagloch beginnen.« (Adolf Hitler) Der junge Heiner Müller zum Beispiel: In der Schule lernt er seine erste Lektion in Sachen Nationalsozialismus. Er begreift, daß er selber mitwirken kann bei der Eingliederung in den totalen Staat.

Es ist gut, daß der Führer Straßen baut, dann wird auch mein Vater bald wieder Arbeit haben, schreibt er. Der Vater, als aktiver Sozialdemokrat im KZ kaltgestellt, unter Auflagen entlassen, hat erkannt, daß es für das Fortkommen der Familie besser ist, seinen Burgfrieden mit den braunen Fürsten zu machen. Er ermuntert den Sohn zu einer positiven Sicht auf die große nationale Arbeitsbeschaffungsmaßnahme.

Wie mühsam war alles bis dahin gewesen, wie quälend gestrig und fortschritthemmend – *passatistisch*, wie es die italienischen Futuristen in ihren Manifesten verächtlich genannt hatten. Dann aber kam das Morgenrot und versprach freie Fahrt für die neuen Volksgenossen. *Unter der blöden Sonne gingen die Grauen heim. Die Landschaft war auf ein Brett gestrichen, die aufgerissenen Augen spürten nicht mehr vor Überreizung, daß es heller und klarer wurde.* So schrieb Carl Einstein, scharfer Beobachter der Avantgarden, in seiner frühsachlichen, visionären Prosa, als hätte er in die Zukunft blicken können. Aber war nicht gerade der technische Fortschritt in Form des Automobils nur die neueste Tarnung ewigen Spießertums? Das Auto, verkauft als Symbol individueller Freiheit, ließ mit zunehmender Geschwindigkeit den Preis der Anpassung vergessen. Es war das perfekte Instrument zur psychischen Konditionierung aller, indem es sich ausnahmslos jeden Verkehrsteilnehmer unterwarf – den Fahrer mit seiner Fixierung auf Fahrbahn und Armaturenbrett ebenso wie den Fußgänger, den Radfahrer und selbst die Tiere. Ahnten die Futuristen, diese Ritter der Cockpits bei ihren Cocktails, wohin das führen würde? Fehlte ihnen die Phantasie dafür, was hinter allen Horizonten kommen mußte, wenn tatsächlich der letzte Mondschein aufgebraucht war: der *Endsieg* des automobilen Konformismus?

Mobilität, die kollektive Manie: Einer der vielen Nebeneffekte des Mammutprojektes Autobahnbau war die Einschränkung von Arbeiterrechten. Wer sprach noch von Klassenkampf und sozialer Gerechtigkeit, wenn man doch Großbauten hinklotzte, die vielen ein Auskommen verschafften? Lohnstreiks wurden im Hitlerstaat als kommunistische Umtriebe behandelt und mit drakonischen Maßnahmen bestraft. Marxistischer Firlefanz, den die Schlägertrupps von der SA den überanstrengten Arbeiterkolonnen bald austrieben. Auch auf den Baustellen des Reiches zeigte das Regime sich in seiner vollen Härte. Gendarmerie und die Leiter der politischen Stellen schritten sofort ein, wenn es zum Äußersten kam. Und auch wer kein Auto besaß, ließ sich alsbald vom allgemeinen Vorankommen überzeugen.

Schon bald würde es den *K. D. F.-Wagen* für jedermann geben, später Volkswagen genannt, eine schwarze Blechkiste in Brezelform aus deutscher Massenproduktion, erschwinglich selbst für den Arbeiter, eintausend Reichsmark der Festpreis, Anzahlung genügte. Auch mein Großvater, der Polizeiassistent, hatte das Geld schon angezahlt (und es später nie wieder gesehen). Ein PKW für die ganze Familie, eine mobile Schachtel zur Verschickung der kleinsten Zelle des Staates in alle Landesteile, die auf den akkurat planierten, bequemen Betonbändern quer durch Großdeutschland Enkel und Ahnen verknüpfen würde – den Bauern mit der Erbtante, den Stadtbewohner mit dem lauschigen Kurort im Thüringer Wald, den braunen Studenten mit seinen frommen Eltern daheim und alle reihum.

Über die wahren Antriebe der Diktatur für ihr ehrgeiziges Autobahnaufbauwerk macht sich Heinrich Mann bereits 1933 keine Illusionen: »Sie hat allerdings den Plan übernommen, eine Autostraße gradenwegs von Berlin nach Mailand zu bauen, mit Luxushotels auf der ganzen Strecke. Der Plan paßt so wenig zu der wirklichen Wirtschaftslage, daß er einigermaßen gegen den Anstand verstößt. Die Sache ist aber die, daß der

Diktator wahnsinnig gern Auto fährt und gar nicht gern zu Fuß geht, obwohl ihm das vielleicht gut täte und seinen Kopf etwas klarer machen könnte. Außerdem spricht mit, daß die beabsichtigte Straße ein augenfälliger Beweis wäre für die enge Verbindung der beiden Faschismen. Am Grunde jeder praktischen Maßnahme und selbst des Wagenverkehrs suche man die rücksichtslose Entschlossenheit eines Regimes, das dauern will.«

Tausende Kilometer baulich integrierter Natur, Einbeziehung der heimatlichen Landschaften *von der Maas bis an die Memel, von der Etsch bis an den Belt* – ein raumumspannendes Werk, das für sich selber sprach. Selten ist die Saat nationalsozialistischer Propaganda so überwältigend aufgegangen wie beim Autobahnbau. Der neue Staat rief, und das arbeitsuchende Volk, das eben noch stempeln ging, war nun erfaßt in der »Deutschen Arbeitsfront«, strömte herbei zu den Baustellen des Landes von der Nordsee bis zu den Bayerischen Alpen. Die Autobahn war das Werk vieler Tausender williger Helfer, ein Traumprojekt totalitärer Planung. Was galt es schon, daß keiner der in den Wirbel Hineingerissenen sich jemals frei fühlen konnte, daß alles nur Aufschub war, Vorbereitung zum nächsten geplanten Revanchekrieg, für den es die Autobahnen brauchte als Mittel zur raschen Truppenverlegung. Wozu es dann aber doch nicht kam, weil die Deutsche Reichsbahn, anders als heute, diese Aufgabe viel reibungsloser erfüllte.

Landesweit entstanden über Nacht Barackensiedlungen für die Einsatzkolonnen, sogenannte Reichsarbeitsdienstlager. Männer wurden von den Frauen getrennt, das war die fatale Weichenstellung im Dritten Reich – *er* am Preßlufthammer, *sie* auf staatliche Kosten im Müttergenesungsheim, später dann *er* am Maschinengewehr, *sie* am Fließband der Munitionsfabrik –, eine Arbeitswelt, in der die Geschlechtertrennung besiegelte, was bis zum Endsieg nicht mehr zu ändern war. In den UFA-Palästen wurde der Mythos derweil als Kinoträumerei befestigt. *Bei diesen Worten streckte uns die Sonne vom Ende des Horizontes ihr feuriges, rotzitterndes Lenkrad entgegen.* (Filippo Tommaso Marinetti, *Tod dem Mondschein*)

»Denn Autobahnen *sind* Ästhetik«, hält Friedrich Kittler in einem visionären Aufsatz fest.»›Für den motorisierten Verkehr‹, heißt es 1937 im offiziellen Werk *Bauten der Bewegung*, ›stellen die Reichsautobahnen wirkliche Schlagadern dar: Sie sind keine Fremdkörper im Landschaftsbild, sondern ein harmonischer Bestandteil der Landschaft.‹ Der Grund, etwas weniger publik: Im Unterschied zu Autostradas und Autoroutes vermeiden Autobahnen jede ›unnötig tiefe‹ Böschung, die sie ›aus der Landschaft herausschneiden würde‹. Denn wie Fritz Todt mit seinen ständigen Wehrmachtskontakten festhält, ›darf die Autobahn keine Mausefalle werden, aus der nicht ein einziges militärisches Fahrzeug herauskann.‹ So gut sorgt schon Friedenszeitplanung für Kammlers Raketenkompanien, die noch im letzten alliierten Bombenhagel über die Autobahnen jagen, um V2s nach London und in den Weltkrieg X+1 abzuschießen.«

Verkauft wurde die Reichsautobahn als nationales Aufbauwerk, wobei der propagandistische Mehrwert von Anfang an größer war als ihr ökonomischer Nutzen. »Autostraßen und ausgetrocknete Pontinische Sümpfe sind die Potemkinschen Dörfer der totalitären Dikaturen«, weiß Siegfried Kracauer, der den Mobilisierungsschub solcher faschistischen Unternehmungen dabei nicht verkennt. Die Reichsautobahn war das Resultat organisierten Zusammenwirkens von Ingenieuren, Architekten, Handwerkern und Landschaftsgestaltern, ausgeführt von Baukolonnen aus Tausenden Arbeitswilligen, die mit geringen Tagelöhnen von der Straße weggeholt wurden.

Autobahnlager Hattenbach

Später, nachdem der Krieg erst entfesselt war, folgte ihnen ein Sklavenheer von Zwangsarbeitern, deportiert aus allen Teilen des unterworfenen Europas, echte Sklaven, die von gerechter Bezahlung nur träumen konnten.

Am Ende aber war die RAB die einzige Hinterlassenschaft des Dritten Reiches, die für die Nachlebenden wirklich von Nutzen war. Hier war etwas geschaffen worden, das man nicht schamvoll wegsprengen mußte, sondern mit festem Blick auf die Zukunft ausbauen konnte. Dank der Autobahn ging es in den Zeiten des Wirtschaftswunders nahtlos weiter – sie war ein Garant für die Kontinuität deutschen Wirtschaftens. Der Anspruch war hoch und maßlos. Dieselben Menschen, wenn sie denn überlebt hatten, machten sich wieder ans Werk. Daß Straßen als Kunstwerk gelten sollten, hatte man da schon vergessen und konzentrierte sich auf die ingenieurstechnischen Probleme, die vor einem lagen. Das »Auto als Brücke zur Landschaft« hieß es im Nazideutsch noch; davon wollte man jetzt nichts mehr wissen und einfach anknüpfen an das, was die fleißigen Vorfahren hinterlassen hatten, die wohl verblendet waren, aber dagegen würde man Sichtblenden bauen, die das Geräusch des Weiter-so unterdrücken halfen. Das Fragezeichen war kein Schild, das in der Verkehrsordnung vorkam, und selbst die konnte man beinah unverändert übernehmen.

Im Juni 1933 wurde das Gesetz über die Errichtung eines Unternehmens »Reichsautobahnen« verabschiedet, das gleichgeschaltete Parlament funktionierte da schon reibungslos. Zum Generalinspekteur für das Deutsche Straßenwesen wurde Parteigenosse Fritz Todt ernannt – der Name ein Zufall und doch auch Drohung und Programm. Das war die neue Wirtschaftspolitik: Der Staat vergab Aufträge, und Kommissare mit weitreichenden Vollmachten sorgten für ihre Erfüllung, Widerstand war nicht vorgesehen. Todt, im Auftreten noch ganz Ingenieur alter Schule, entwickelte die Konzeption der »Linienführung«, eine brachiale Idee, die nachher leicht auch auf viele Bereiche der Verwaltung übertragbar war – zum Beispiel jenen, dem im Gefolge der verschärften Rassenideologie die Endlösung der Judenfrage oblag. »Parallele Linienführung« aller mitwirkenden Dienststellen war das Zauberwort, das Reinhard Heydrich, SS-Obergruppenführer, während der Wannseekonferenz auf einem Notizzettel notierte, als Schlüssel zur Koordinierung des geheimen Vernichtungsplans, der physischen Auslöschung sämtlicher Juden Europas.

Die »deutsche Rationalisierung« voranzutreiben wird erst mit der Planwirtschaft im Führerstaat möglich. Erst Normierung und Typisierung führten, um im Jargon der NS-Techniker zu bleiben, zu einem Durchbruch an der gesamten Arbeitsfront. »Die Verpflichtung, die Leistung auf allen Gebieten menschlicher Tätigkeit zu steigern, ist der Sinn unserer Zeit.« Das aber gilt dann erst recht für die Nachkriegswirtschaft der Deutschen, ihr gewaltiges Wiederaufbauwerk, das den Siegern des Krieges so wenig geheuer sein konnte wie die Modernisierungsbilanzen des Dritten Reiches.

Es gab die »Reichsstelle für Raumordnung«, ihr folgte die »Reichsplanungsgemeinschaft«, und beiden voraus ging die GEZUVOR (Gesellschaft zur Vorbereitung der Reichsplanung und Raumordnung) – Musik in den Ohren einer Verwaltungsbürokratie, wie sie in Deutschland noch jedes politische System überlebt hat. Alles fängt einmal klein an, doch dann wird es schnell groß und umfaßt am Ende ein ganzes Land. Zuerst waren da nur Skizzen, doch aus den Skizzen wurden bald Normen – lang vor den schwierigen, kühnen Brückenbauten, den über hundert Autobahnkreuzen mit ihren Verteilerfahrbahnen entlang den Verflechtungsstrecken und Verbindungsrampen.

»Jetzt schalten wir das Radio an,
und aus dem Lautsprecher klingt es dann:
Wir fahr'n fahr'n fahr'n auf der Autobahn«

sang die westdeutsche Elektropopband »Kraftwerk« zum neuen Synthesizerklang, Jahrzehnte später, als alles geordnete Routine geworden war. Nun ging der Autobahnwahnsinn seinen reibungslosen Gang, dank einer beispiellosen Mobilisierungswelle im Gefolge des Wirtschaftswunders. Die sogenannte »Motorisierungspsychose«, wie marxistische Wirtschaftshistoriker das nannten, hielt über den Nationalsozialismus hinaus an. Das Deutschland der Nachkriegszeit, so schnell im Aufbau wie im Vergessen, hatte längst wieder Fahrt aufgenommen. *Die Fahrbahn ist ein graues Band, weiße Streifen, grüner Rand.* Und in den Achtzigern war das Ganze schon eine Selbstverständlichkeit, Teil der normalen Lebenswirklichkeit in Deutschland-West, wenn man im Sommer, dem allgemeinen Bewegungstrieb folgend, gen Süden aufbrach und im Autoradio als Endlosschleife der Hit *Voyage voyage* der französischen Sängerin Desireless lief. Damals war die Autobahn ein Versprechen auf zukünftige Tage, das immer größer wurde mit jeder Legislaturperiode, und man verlangte nichts mehr von der Regierung, als daß die Steuereinnahmen in den Fahrbahnbau flossen und alles hindernisfrei ablaufen würde von nun an und immerfort. Menschen aller Altersklassen und Schichten verbrachten jetzt immer mehr Zeit in ihren privaten PKW, was dazu führte, daß die Drehkreuze, vor allem im Berufsverkehr, oft überlastet waren. Der Stau wurde zur Dauererfahrung, unvermeidlich zumal in der Urlaubszeit, wenn alle gemeinsam aufbrachen, und stoisch stellte man sich darauf ein. Ganze Familien waren nun auf der Autobahn und wurden, wenn es zum Äußersten kam, komplett ausgelöscht in einer Sekunde der Unachtsamkeit. Wie schrieb Annie Ernaux in ihrer Erzählchronik *Die Jahre*? »Man war nur noch ein Blick hinter der Windschutzscheibe, der auf den beweglichen Horizont gerichtet war, ein immenses, zerbrechliches Bewußtsein, das den Raum erfüllte, wenn nicht sogar die ganze Welt. Manchmal dachte man, daß nur ein Reifen platzen oder ein Hindernis auf der Straße auftauchen mußte, wie in *Die Dinge des Lebens*, und dieses Bewußtsein würde für immer verschwinden.«

Bereits im Frühjahr 1933 war die Idee einer zweibahnigen Nur-Autostraße mit gegenläufiger Richtungstrennung aufgekommen. Die Fahrbahnen sollten durch einen mittleren Grünstreifen aufgeteilt werden, auch an den Blendschutz für nächtlich passierende Fahrzeuge war gedacht. Der neue Querschnitt war eine Fahrspurbreite von 3,75 Metern, deutsche Norm, bis heute ist sie die Grundlage. Ebenso die Einfassung der Fahrbahnen durch befestigte Randstreifen, wo nötig, ergänzt durch eine Abstellspur mit derselben makellosen Betondecke. Die

Ausstattung der Fahrbahnen mit einseitiger Querneigung setzte sich durch, denn man sah schon voraus: Auf manchen Streckenabschnitten würden die Fahrzeuge wegen der Fliehkräfte deutlich geneigt in der Spur liegen wie die Rennwagen am Nürburgring und auf der Berliner AVUS.

Als erster reichseinheitlicher Regelquerschnitt der Autobahnen wurde ab Januar 1934 von der RAB-Direktion der RQ 23 verfügt, mit zwei je 7,50 Meter breiten Richtungsfahrbahnen. Das Maß wurde später noch einmal erweitert. Ab Mai 1935 galt reichsweit ein Regelquerschnitt von insgesamt 24 Metern, der auf gut drei Viertel aller Autobahnstrecken zur Anwendung kam. Das Straßennetz sah nunmehr drei ausgebaute Nord-Süd- und drei Ost-West-Verbindungen vor. Die Knotenpunkte, kreuz und quer im Reich verteilt, waren Hamburg, Stettin, Berlin, Breslau und Hildesheim sowie später Köln, Frankfurt, Stuttgart, Nürnberg, Dessau und München. »Straßen ohne Hindernisse« sollten das sein, selbst an die Leitplanken entlang der Fahrbahn war schon gedacht. Straßenbau, der ganz Deutschland erschloß wie einen neuen, noch unbekannten Kontinent, alles in landschaftskonformer Linienführung. Die Autobahn sollte sich dem Gelände anpassen, nicht umgekehrt. Naturschutz war oberstes Gebot in einem Land, in dem ein gewisser Prozentsatz seiner Bewohner, jüngster Rassenlehre zufolge, als Schädlinge zum Aussterben verurteilt wurde. Es galt, den Charakter des Volkes, der Geographie mit technischen Mitteln zu bewahren – etwa die Raumwirkung beim Passieren von Waldgebieten. »Besonders beim Durchstoßen eines Waldes«, schreibt ein Autobahnplaner in einem Beitrag für die Zeitschrift *Die Straße*, »wird es nützlich sein, dem Fahrer nicht gleich bei der Einfahrt das Waldende ins Blickziel zu geben, sondern durch eine Knickung der Trasse den Blick auf die Ausfahrt erst kurz vor

Verlassen des Waldes freizugeben, damit das Erlebnis des Waldes nicht flüchtig bleibt.«

Wie andere architektonische Schaustücke im Dritten Reich auch, etwa die weithin sichtbaren, malerisch auf Plateaus und vor Bergkulissen plazierten neumittelalterlichen Ordensburgen, wurde die Reichsautobahn bewußt in die Landschaft hineininszeniert. Deutsche Ordnung auch hier: In drei Klassen waren die Streckenabschnitte eingeteilt. Als Klasse 1 galten Flachlandstrecken ohne nennenswerte Hindernisse, Steigung maximal vier Prozent. Klasse 2 stand für bergiges Gelände und Klasse 3 für Passagen in höheren Gebirgsregionen. Hier ging es bergauf und bergab, in schneidiger Kurvenführung, immer auf die unverstellten Panoramen bedacht. Die Straße hatte sich mittels Brücken und Tunneln den alpinen Gegebenheiten anzupassen, um nur das Beste der Landschaftsformationen hervorzukehren, wie es die Maler dieser Zeit im neusachlichen Stil mit Anklängen an die Romantik zelebrierten oder die Dichter, die ihre bodenständigen und gemütvollen Verse aus demselben Geist im *Echtermeyer*, der Anthologie deutscher Volksdichtung, versammeln durften. Wie sehr das Sujet zu begeistern wußte, zeigt sich daran, daß unter den Freilichtmalern sich ein ganz eigenes Genre, das der Autobahnlandschaften, zu entwickeln begann.

Aber auch der Autofahrer von heute kann sich den Regieeinfällen der damaligen Planer nur schwer entziehen. Atemberaubende Kurvenkonstruktionen aus Formbeton waren das, von namenlosen Ingenieuren erstellt, Phantasmagorien einer zügellosen Moderne. Da waren die weitausgreifenden Übergangsbögen – *Klothoiden*, das heißt Kurven, bei denen die Krümmung proportional zur Länge ihres Bogens bis zu der Stelle reichte, wo sie wieder in die Ebene übergingen. Wer hätte gedacht, daß barocke Geometrie und Eulersche Spiralgleichungen einmal das perfekte Fahrgefühl erzeugen würden? Daß aus Graphen Erfahrungen werden, buchstäblich abzufahren, aus Kurven, in quälenden Mathestunden berechnet, Körpererlebnisse in rauschender Fahrt? Wer hätte sich träumen lassen, daß man eines Tages am Steuer sitzt und die elegantesten Bogenlinien mit sanfter Lenkradführung bis ins Rückenmark zu spüren bekommt?

Wie auf einer Opernbühne wurde alles zu einer Frage umfassender Inszenierung und bildmächtiger Szenographie. In den Fibeln der Autobahnbauer finden sich Begriffe einer neuen Kompositionslehre für den befahrbaren Raum. Von Trassierung war da die Rede, von einer Fahrbahnspreizung, von Mittelstreifenaufweitung, Schrammborden und Hochborden. Auch das Problem der Böschungsrundung wurde vorsorglich beachtet. Der Anrampung der Fahrbahn galten spezielle Berechnungen, den gleitenden Übergängen, ihrer schließlichen Verwindung. Sämtliche Nebeneffekte wurden mitbedacht: Blendschutzbepflanzung und Grünbankette. Selbst der uralte einzelne Lindenbaum wurde, in memoriam Franz Schubert,

großzügig mit einbezogen. Einzelbaumerhalt im Mittelstreifenbereich hieß die Kompromißformel der Techniker. So erst ergab sich das mustergültige Bild einer deutschen Autobahn. In den Worten des obersten Straßenplaners Fritz Todt: »Der Reisende soll die Verkehrswege nicht nur benutzen, um möglichst schnell von einem Ort zum anderen zu gelangen, sondern um auf der Reise die Schönheiten des Landes zu erleben und zu genießen.« Es ging um die Ausrichtung der Strecken auf wichtige Blickpunkte wie Kirchtürme, Burgruinen, malerische Baumgruppen. Von höhergelegenen Parkplätzen aus sollten sich Romantikerperspektiven ergeben. Als Paradebeispiel solcher Inszenierung galt die Einrichtung der Strecke Aachen–Köln, mit dem Kölner Dom als in der Ferne schon weithin sichtbarem Fahrtziel und verlockendem Endpunkt.

Auch der Mittelstreifen war eine deutsche Erfindung aus jener Zeit, im Verein mit der Parallelführung der Fahrbahnen, die jeden verkehrstechnischen Querschlag verhindern sollten, und das gilt bis heute. Wenn einer von der Fahrbahn abkommt, kann er immer noch von den Leitplanken aufgefangen werden.

In einem Lob auf den bei einem Flugzeugabsturz tödlich verunglückten Autobahnbevollmächtigten Todt schwärmte Albert Speer, der Architekt und Rüstungsminister, von der *Trassierung* der neuen Straßen, ein Fachausdruck, der so »rassig« daherkam (ein Modewort dieser Zeit), daß den Technikern das Wasser im Munde zusammenlief.

Gigantische Talbrücken wurden gebaut, *in schneidig kühnen Bögen.* Den Ingenieuren waren die erstaunlichen Mehrfachbögenkonstruktionen eine willkommene Herausforderung. So entstand, über das Muldetal bei Siebenlehn in Sachsen gespannt, die »größte Reichsautobahnbrücke der Welt«, wie es in der Kinowochenschau hieß. Pathosformeln der Natureroberung, gefeiert in Ton und Bild. Oder die Brücke über das Teufelstal auf der Thüringer Autobahn zwischen Stadtroda und Hermsdorf, die Lautertalbrücke bei Kaiserslautern und in Bayern die Mangfallbrücke auf dem kurzen Streckenabschnitt zwischen München und der Landesgrenze – jede einzelne ein Sieg über die Materie und die weiche, anschmiegsame Natur, die als weibliches Wesen gedacht war, von fleißigen Männerhänden in Tausenden Arbeitsschichten bezwungen.

Und dann die Städte, auch sie mußten eingebunden werden. Noch war jeder größere Ort entlang der Strecken eine Insel, die es verkehrstechnisch anzuschließen galt. Eine Herausforderung an die Regiekunst der Planer war die Stadteinfahrt, es ging um die perspektivische Annäherung, natürlich im ganz großen Stil. Einige dieser Städte waren zu Perlen deutscher Kultur erklärt worden, so das alte Dresden im Tal der Elbe, dem der Führer persönlich eine neue, die nationalsozialistische Fassung zu geben versprach. Zu den erwählten *Führerstädten* gehörten außerdem Hamburg, *Hauptstadt der deutschen Schiffahrt,* und München, *Hauptstadt der Bewegung*, sowie Berlin, das so lange im Schlaf gelegen hatte und nun erweckt wurde: die *Welthauptstadt Germania*. Bewegung war das Schlagwort der Stunde, das alle dynamischen Kräfte zu bündeln versprach – die der Politik, der Verkehrstechnik, der Industrie und die der Wiederbewaffnung zum Krieg. Ein ganzes Land war in Bewegung geraten, der Staat rief seine Bevölkerung zu den Baustellen, den Aufmarschplätzen und bald schon in die Kasernen zum nächsten Opernakt. Gesamtkunstwerk Deutschland: Ein Paradebeispiel für die neue Überwältigungsästhetik war die Stadteinfahrt Mannheim, 1935 fertiggestellt, unter Einbeziehung der nicht minder grandiosen Rhein-Neckar-Halle, mit weißen Pylonen am Ortseingang, auf denen der Reichsadler prangte, dazu am Grünstreifen in Großbuchstaben die Schrift: Reichsautobahn.

Über Nacht war die Autobahn zum deutschen Markenzeichen geworden, ein Synonym wie *Selters* für Mineralwasser, *Juno* für Zigaretten oder *Continental*, die Firma, die in der Automobilreifenbranche damals der Marktführer war. Hunderte Patente, die sich im Laufe des Autobahnbaus ergaben, wurden binnen weniger Jahre angemeldet und anwendungsreif – viele sind bis heute noch gültig, hinterlegt im Deutschen Patentamt München.

Genaue Messungen hatten bewiesen, »daß eine so gefertigte Straße auf einen Millimeter planeben ist!«. Auf die erste Betondecke, ursprünglich mit Holzbohlen durchsetzt, senkrecht als Fugenbretter aufgestellt, folgte dann eine zweite. Nur Sand und Kies wurden dazu gebraucht, ein naturgegebenes Material, hinreichend wasserdurchlässig, frei von löslichen Bestandteilen und damit gegen die Zerstörungen der wechselnden Witterung gefeit. Bei diesem Mammutwerk wurde bald insgesamt mehr Erde ausgehoben als beim Bau des Panama- und des

Reichsautobahn. Einfahrt in Mannheim

Suezkanals zusammen, wie es in der angeberischen Wochenschauprosa der permanenten Überbietungen hieß. Dem Abwalzen des Unterbaus folgte das Auftragen von Ölpapier über die ganze Fläche, um den Beton vom feuchten Untergrund zu isolieren. Über einen Schütttrichter wurde dann die nächste Betonschicht aufgetragen. Der Mann an der Schüttvorrichtung, ein qualifizierter Arbeiter, hatte für die gleichmäßige Verteilung des Betons zu sorgen. Danach trat noch einmal die Maschine in Aktion, um die Decke mittels zahlreicher kleinerer Stampfschritte endgültig einzuebnen. Hin und her fuhr währenddessen die Riesenbetonmischmaschine (1500 Liter Kapazität), auf besonderen Loren wurden Kies und Zement herbeigeschafft. Die Fugenbretter sollten Verwerfungen des Betons bei großer Hitze verhindern. Von einer fahrbaren Arbeitsbühne aus wurden die verbleibenden Schwindfugen dann per Hand sauber geschliffen und später mit Hanf und Asphalt aufgefüllt. So ergaben sich die für die Reichsautobahn charakteristischen schmalen Schwellen. »Damit die Autos während ihrer raschen Fahrt über diese Fugen nicht in Schwingungen geraten.« Zu diesem Zeitpunkt war die sprachliche Mechanisierung des Lebens, die im Ersten Weltkrieg und in den Jahren der Weimarer Republik ihren Anfang genommen hatte, bereits weit fortgeschritten. Längst *spurte*, neben der Sprache, auch schon das tägliche Leben unter den Bedingungen der verkehrstechnisch modernisierten Zivilisation.

Das Geräusch beim Überfahren dieser Schwellen ist mir in der Kindheit so tief in den Körper eingedrungen, daß ich es jederzeit abrufen kann, ich muß nur die Augen schließen. Auf den jährlichen Fahrten nach Thüringen zu den Großeltern und hinauf an die Ostsee in den Sommerurlaub hat es mich zuverlässig begleitet. Ein sanfter, polternder Rhythmus, der zu Kopf stieg und einen alsbald schläfrig machte, bis einem die Augen zufielen und man in einen tiefen Autobahnschlaf sank. Erst viele Kilometer später wachte man plötzlich auf und sah zur Rechten, auf einem fernen sandfarbenen Hügel, den Ettersberg und das hohe Glockenturmdenkmal des ehemaligen Konzentrationslagers Buchenwald oder zur Linken, kurz vor dem Abzweig nach Gotha, die *Drei Gleichen*, eine Reihe mittelalterlicher Ritterburgruinen, die dem Vater am Steuer jedesmal Anlaß zum Herbeten der zugehörigen Legenden gaben, die ihm in seiner Kindheit in Thüringen vom Großvater erzählt worden waren. Und während er erzählte, nickte ich dann, lange nach dem Hermsdorfer Kreuz und der Saaletalbrücke bei Jena, kurz hinter Wandersleben, schließlich ein.

An so gut wie alles hatte man beim Bau der Reichsautobahn gedacht. Die Querfugen hatten, präzis berechnet, einen ungleichen Abstand, damit die Fahrzeuge nicht in ein brechreizverursachendes Vibrieren verfielen wie jene Schiffsschaukeln auf der Dresdner Vogelwiese, die ich bei jedem Besuch des Rummelplatzes lieber vermied, nachdem ich sie einmal ausprobiert hatte.

Tiefbauingenieure und Betonexperten hatten gemeinsam an der goldenen Formel gearbeitet, die Unterdecke, Oberdecke und Dehnungsfuge der Autobahn so geschickt verband, daß sich der ideale gleitende Ablauf beim Fahren ergab. Dieselbe Vorsicht ließ man auch bei den Brücken walten. So wurde der Stahlüberbau auf Punktkipplager gesetzt, unter Verwendung einer neuen Stahlsorte (ST 52). »Werke von *bleibendem Ewigkeitswert*« entstanden so, wie es im schnulzenhaften, falschen Nazideutsch hieß.

Auf das verrenkte Deutsch jener Jahre hatte mich das Notizbuch eines jüdischen Philologen aufmerksam gemacht; es war mir in einem Dresdner Antiquariat, das auf meinem Schulweg lag, in die Hände gefallen: Victor Klemperers »*LTI. Die Sprache des Dritten Reiches*« (Lingua Tertii Imperii). Ein Beispiel von vielen für die verhunzte Grammatik der Zeit waren die Führerreden, in denen weniger Sprachgewalt als die Gewalt, die man der Sprache hier antat, zum Ausdruck kam. Aus einer Rede zum 1. Mai vor Berliner Arbeitern: »Ich werde keinen größeren Stolz in meinem Leben besitzen als den, einst am Ende meiner Tage sagen zu können: *Ich habe dem Deutschen Reiche den deutschen Arbeiter erkämpft!*«

Der Verdacht, daß auch mit der Sprache meiner Schulzeit, dem Deutsch im Arbeiter-und-Bauern-Staat, etwas nicht stimmte, hatte sich bei der Lektüre erhärtet. »Das Dritte Reich spricht mit einer schrecklichen Einheitlichkeit aus all seinen Lebensäußerungen und Hinterlassenschaften: aus der maßlosen Prahlerei seiner Prunkbauten und aus ihren Trümmern ... aus seinen Autobahnen und Massengräbern. Das alles ist Sprache des Dritten Reiches.«

Aus dieser Studie erfuhr ich nun, daß Verben wie *ankurbeln* und *spuren*, damals brandneu und heute allgegenwärtig, ihrerseits technischem Gebrauch entsprungen, nämlich dem der Autoindustrie, schnell in die Alltagssprache eingedrungen waren, bevor die Propagandaspezialisten des Dritten Reiches sie inflationär und zu ihren Zwecken einzusetzen begannen. Damals fiel mir auf, wie schnell sich technische Begriffe in alle anderen Kontexte des menschlichen Lebens ausbreiten und das Alltagsleben in ihren Griff nehmen konnten. »(Ich habe mir *spuren* als ein Spezialwort des Automobilbaus erklären lassen: die Wagenräder halten die richtige Spur)«, trug Victor Klemperer in sein Notizbuch ein.

Und warum spurte alles so gut im Dritten Reich und seinen mitreißenden Vierjahreswirtschaftsplänen? Weil jeder, dank allseitiger Organisation, »voll ausgelastet« war. Auch die Wendung »voll ausgelastet«, eine Goebbelssche Lieblingsphrase, war ein Übergriff aus der Sprache der Technik auf die der kleinen Leute in ihrem Alltag. Nur wirkte er weniger gewaltsam als ein auf vollen Touren laufender Motor. Aber siehe da, es zeigte sich, daß man menschliche Schultern genauso auslasten konnte »wie irgendeine Trägerkonstruktion«.

Damit war die Schnittstelle von Mensch und Autobahn, der Zusammenhang von technischer Umweltveränderung und sprachlicher Formatierung benannt. Wer gedenkt heute noch der Abertausenden im Arbeitseinsatz verschlissenen Körper, die zwangsweise schufen, was nachher jeder benutzte? Wem sind die Verschiebungen im Vokabular, die mit solchem Fortschritt einhergingen, die Antriebskräfte unterm politischen Diktat und ihr Preis für den Einzelnen noch bewußt? Es waren Männer, schlechtgenährte, ausgepowerte Gestalten zumeist, die das babylonische Aufbauwerk stemmten, Tagelöhner aus dem großen Heer der Arbeitslosen, die das einzige hingaben, was sie zu bieten hatten, ihre abnehmende Arbeitskraft.

Entlang der neu entstehenden Streckenabschnitte wurden nun überall Arbeitslager eingerichtet, oft unter den notdürftigsten Bedingungen, in denen die Einsatzwilligen, fern ihrer Familien, in soldatischer Disziplin erzogen wurden, von Parteikontrolleuren in Schach gehalten, wenn sich ihr Klassenbewußtsein meldete. Unruhestifter und Rädelsführer wurden sofort unschädlich gemacht – *ausgeschaltet*, wie es im Jargon der Zeit hieß. Dafür war eine eigene Abteilung des Reichsarbeitsdienstes zuständig, später auch die Gestapo. Man setzte hier wie in jedem anderen gesellschaftlichen Bereich auf die Unterwanderung durch Denunzianten. Dennoch hörten die Probleme nie auf. Erschöpfungsbedingte Krankheiten waren die Regel, Arbeitsunfälle infolge von Streß, Ermüdung und mangelnder Ausbildung. Im Laufe der ersten fünf Baujahre, besagt eine Statistik, kam auf jeden sechsten Kilometer fertiggestellter Autobahn mindestens ein tödlich verunglückter Arbeiter.

Frauen waren vom Straßenbau grundsätzlich ausgeschlossen. Ihr Einsatz hätte der neuen Biopolitik, der züchterischen Geschlechterordnung, widersprochen: die Frau am Herd und als vielfach Gebärende mit dem Mutterkreuz ausgezeichnet, weil der Staat Kinder brauchte für Krieg und Raumeroberung. So lange, bis die Planung ins Stocken geriet mit der Eigendynamik des Weltkriegs. Dann mußten Zwangsarbeiterinnen aus den unterworfenen Ostgebieten (und nur von dort) das Manko an Arbeitskräften ausgleichen. Bis dahin aber galt die strikte Organisation des Alltagslebens der im *Nährstand* Beschäftigten, ein Programm, so überkontrolliert, daß für Lohnkämpfe und Emanzipationsbestrebungen kein Platz blieb. Ingenieurinnen im Planungsbüro, weibliche Führungskräfte in der Industriearbeiterschaft? Vollkommen undenkbar: Allenfalls gab es die Sekretärin an den diversen Schaltstellen, Frauen als Gehilfinnen in der Befehlshierarchie, in den beteiligten Ministerien, Frauen als Stenotypistinnen, *Tipp-Mamsells*, auf deutsch Schreibmaschinenkräfte genannt, in den Büros der Reichsautobahnplaner.

Nationalsozialistische Arbeitsorganisation beruhte auf strenger Geschlechtertrennung. In der Aufrechterhaltung der »Widerspüche im Arbeiter« (Wilhelm Reich) hatte die Hitler-Bewegung ganze Arbeit geleistet. Ihr Nährboden war das enge konservative Leben, die kleinbürgerliche Wohnkultur, die Sehnsucht, sich und den Seinen ein bescheidenes Leben auf der Basis des zugebilligten Arbeitslohns einzurichten. Dazu Befriedigung des Bedürfnisses nach Festen und Familienfeiern im Turnus der Arbeitswochen und organisierte Reisen im Rahmen der KdF (*Kraft durch Freude*), die sogar Auslandsfahrten mit Kraftomnibussen und Kreuzfahrtschiffstouren nach Spanien und Norwegen einschlossen, nach dem Zufallsprinzip einer Volkslotterie. Thomas Mann nannte es, vom kalifornischen Ufer herüber, die »Verschiffung entrechteter Arbeiterherden in schöne Gegenden«.

Im Abendkleid der Arbeiterfrau beim nationalsozialistischen Betriebsfest, in den familiären Ritualen des Biertrinkens, schrieb Wilhelm Reich, lag mehr Wahrheit über die reaktionäre Struktur des Arbeiters als in Hunderten Artikeln der ehemals stolzen kommunistischen Presse. Der Zwang zur technischen Entwicklung hielt alle gemeinsam in Schach. Ein idealer Musterfall hierfür war der Autobahnbau, als heroische *Arbeitsschlacht* inszeniert. Hätte man damals Umfragen zugelassen, des Psychologen These von der Angleichung an die repressive Sexualmoral des Kleinbürgers hätte sich zweifellos bestätigt. Der Autobahnbauer war der fleißige Onanist im Dienst des Führerstaates, auf seinem Feldbett im Arbeitslager nach vollbrachtem Tagewerk vom Heimaturlaub träumend. Vom Rendezvous mit seinem *Mädel* im Kino oder in Erwartung des Familienausflugs mit dem treuen Weibchen, das zu Hause die Kinder hütete. Für alles gab es nun Ämter: Das *Amt für Schönheit der Arbeit* (eine DAF-Unterorganisation) sorgte für den Ausbau der Unterkünfte, eine Abteilung *Sonderaktion für die Reichsautobahnen* des Amtes *Feierabend* kümmerte sich um die Freizeitgestaltung in Form von Tonfilmabenden, Vorträgen und Konzerten. Nach der täglichen Norm wurden die Männer mit Komödien eingelullt, Heinz Rühmann und Ilse Werner sorgten für Stimmung. Den billigen Arbeitskräften aus dem Reserveheer der Beschäftigungslosen folgten ab 1935 die Spatentruppen des Reichsarbeitsdienstes. Sie waren die Vorboten der künftigen Kriegswirtschaft. Paramilitärisch straff organisiert, hatten sie nur noch den Einsatzbefehlen zu gehorchen.

Vielleicht war es ja so: Männer sind Wesen, die Straßen, Maschinen und Automobile bauen, mit deren Hilfe sie eines Tages mit der Frau ihrer Träume dem Horizont entgegenfahren wollen – dafür wird alle Anstrengung in Kauf genommen und selbst die Verwandlung in einen Arbeitssklaven. Tausende Ameisenmenschen waren in das System eingebunden, an Aufstand und revolutionären Kampf war nicht mehr zu denken. Nicht nur die über Nacht eingesetzten Arbeitslosen aller Berufsgruppen, auch viele der gelernten Tiefbauarbeiter und der ungelernten Bauhilfsarbeiter fühlten sich, infolge jahrelanger Unterernährung, an den Rand ihrer Kräfte gebracht. Im Volksmund ging das Wort von der *Fremdenlegion* um. Man sah sich als Kuli, als ausgebeuteter Wohlfahrtsempfänger. Das extreme Arbeitspensum, die primitive Unterbringung, der daraus folgende hohe Krankenstand und die knapp bemessenen Löhne führten schnell zu der Einsicht, daß man beim Autobahnbau in eine Falle geraten war. Aber nun war es zu spät, Deutschland hatte gewählt, und jeder Einzelne war hier wie überall auf den Großbaustellen des Reiches auf Gedeih und Verderb eingebunden. Oder, wie es Robert Ley, der Leiter des Einheitsverbands Deutsche Arbeitsfront, in bemerkenswerter Klarheit verkündet hatte: »Wir lassen den Menschen nicht los, und wenn es vorbei ist, kommt die Arbeitsfront und nimmt den Menschen immer wieder auf und läßt ihn nicht los bis zum Grabe, mögen sich dagegen auch einige wehren.«

Damit war allem proletarischen Widerstand das Genick gebrochen. Der Autobahnbauer, der Arbeiter in der Rüstungsproduktion, der Stahlwerker, der Kohlekumpel in den Reichswerken »Hermann Göring« standen am Ende einer kollektiven Entwicklung, die der Massenpsychologe Wilhelm Reich zur selben Zeit, da all die Asphaltbahnen und Brückenwunder quer durch deutsche Lande entstanden, einmal so zusammengefaßt hatte: »Enttäuschung an der Sozialdemokratie bei gleichzeitig wirkendem Widerspruch zwischen Verelendung und konservativem Denken muß ins Lager des Faschismus führen.«

ASPHALT war das Wort, das in nationalsozialistischer Denkart als ein Synonym galt für die verhaßte, widernatürliche Moderne, die man wohl brandmarkte, aber doch selber als technische Entwicklung unaufhaltsam vorantrieb. Der *Asphaltmensch* war ein Totschlagswort der Rechten in den Parteikämpfen der Weimarer Republik. Damit war nicht nur der Stadtbewohner schlechthin gemeint, sondern der Typus des Intellektuellen, des modernen Kaffeehausliteraten, des *Kulturbolschewisten*. In seiner Streitschrift *Der Mythus des 20. Jahrhunderts* sprach Alfred Rosenberg, Chefideologe der NSDAP, auch von der Arbeiterbewegung als dem *aufsteigenden Asphaltmenschentum der Weltstädte mit allen Abfallprodukten des Asiatentums*. Mit dem Abfallprodukt war nach solcher Lehre aber kein anderer gemeint als der Jude, der universelle Fremde, der Entwurzelte schlechthin, Ange-

Blick v. d. Reichsautobahn ins Dresdner Elbtal

höriger einer Gemeinschaft, die nach gängiger Rassenlehre alles Undeutsche und jedes Entfremdungsübel verkörperte und sich als »Parasit« überall in Europa und in Amerika ausgebreitet hatte, nicht zuletzt dank der neuen Verkehrswege, die dem geborenen Weltnomaden in seiner erzwungenen Mobilität zur Verfügung standen. Der deutsche Arbeiter dagegen, der domestizierte, von allen proletarischen Ambitionen geheilte Lohnsklave, der im Straßenbau das Bitumengemisch in die Städte trug und die Dampfwalze kommandierte, hatte sich notgedrungen auf das Projekt der Rasseideologen eingelassen. Als Nicht-Jude war er dem Konzept vom Herrenmenschen gefolgt, der, wenn er auch nichts hatte, so wenigstens doch dies: sein Ariertum. Den Klassen- durch Rassenhaß zu ersetzen war der simpelste Taschenspielertrick des Jahrhunderts. Den Marxismus als Emanzipationsidee des Einzelnen durch den Massenaufstieg des Faschismus. Mit Haut und Haar war er von nun an verstrickt in die *Volksgemeinschaft*, aus der es kein Entrinnen mehr gab. Alle *Straßen des Führers* führten zuletzt in den Krieg.

Widersprüche, wohin man auch sah. Das fiel auch einem Philosophen wie Martin Heidegger auf, der sich damals in Platons Nachfolge als Tyrannenberater begriff. In seiner Freiburger Rede anläßlich der Ernennung zum Rektor der Universität hatte er die »nationalsozialistische Revolution« und das Führerprinzip als Einlösung wahrer Demokratie begrüßt. Was wußte der Denker des Feldweges von der Bürokratie der Arbeitsämter? Was von den Lebensnöten der zu Arbeit und später zum Krieg gezwungenen Millionen? Von Machenschaft, Machwerk, Machtfrage ist immer wieder die Rede in seinen »Schwarzen Heften«, den privaten Aufzeichnungen der Jahre 1939-1941. »*Mächtig* bedeutet jetzt *riesig*, aber niemals *herrschaftlich* – ein *mächtiger* Fabrikschlot...« Der Ursprungsdenker war als Philosoph rein auf die Sprache fixiert – dabei ist ihm gerade die Pointe einer massenmedial operierenden Herrschaftsform entgangen, die auf sprachlicher Manipulation beruhte und offenbar so neu und überwältigend war, daß sie ihn völlig in ihren Bann zog. Er durchschaute sie nicht als das Wesen totalitärer Machtverhältnisse und glaubte, sie seinerseits mit Sprache, einer eigenen Sprache archaisierender Wortzerlegung, parieren zu können. Die wenigen, die etwas davon wußten, kritische Geister wie Walter Benjamin, Siegfried Kracauer, Hannah Arendt, Wilhelm Reich oder Carl Einstein, waren zu der Zeit längst im Exil und agierten, fern von Deutschland, allesamt auf verlorenem Posten.

Kein Zufall auch dies: Kaum lief der Autobahnbau auf Hochtouren, wurde ein Fahrverbot für den jüdischen Teil der Bevölkerung erlassen. Anlaß dafür war ein Zwischenfall in Paris. Herschel Grynszpan, ein siebzehnjähriger deutsch-polnischer Jude, erschießt in einer Verzweiflungstat, empört über die Zwangsdeportation seiner Familie durch deutsche Behörden, den Diplomaten Ernst vom Rath. Heinrich Himmler in seiner Eigenschaft als Polizeichef faßt daraufhin den Beschluß: Die Juden haben »die von deutschen Arbeiterfäusten gebauten Reichsautostraßen« benutzt, sie haben ihr Recht als Verkehrsteilnehmer verwirkt. Die Abgabe des Führerscheins war nur eine von vielen Zwangsmaßnahmen gegen die jüdische Minderheit, seitdem die Nürnberger Gesetze in Kraft getreten waren.

So kam es, daß den Romanistikprofessor Victor Klemperer nach allen sonstigen Schikanen auch noch diese ereilte. Nach dem Verlust seines Lehrstuhls hatte das Ehepaar Klemperer sich durch den Kauf eines Autos ein Stück privater Freiheit erobert. Das Leben in der Zwangspensionierung, bei immer knapper werdenden Bezügen und fortgesetzten Schikanen, ließ sich etwas aufhellen, indem man Ausflüge in die sächsische Umgebung machte und einmal sogar bis in die Reichshauptstadt Berlin. Man leistete sich eine Tour ins Riesengebirge, im Spätsommer 1937 auch »eine Küsten- und Hansafahrt« und gehörte damit zu den ersten Nutzern der neuen Autobahnen. Eine fast kindliche Technikbegeisterung hatte den Gelehrten erfaßt. Klemperers Tagebuch ist voll von euphorischen Betrachtungen rund um das Automobil. »Auto, Auto über alles, es hat uns furchtbar gepackt.« Nun aber war ihnen auch diese letzte Freude noch genommen. Da nur er im Besitz des Führerscheins war, nicht aber seine »arische« Frau, galt die Sache damit als beendet. »*Entziehung der Autofahrerlaubnis bei allen Juden. Das Verbot trifft uns überaus hart.*«

»Gestern Braunschweig. Um 12 nachts zurück. Die Reichsautobahn – das geht fix! Ein Höllentempo kann man da fahren.« Das schreibt Gottfried Benn im März 1937 auf eine Postkarte aus Hannover an die in Berlin lebende Geliebte, Elinor Büller. In seiner Eigenschaft als medizinischer Heeresinspekteur war er im Dienstwagen mit Chauffeur auf der heutigen A2 unterwegs gewesen. Die Geschwindigkeit hatte ihn in Stimmung gebracht. Ach, könnte die an den Wochenenden erotisch so dringend benötigte Dame doch ebensoschnell zu ihm herüberrauschen. Manchmal muß er sich in den Eilzug setzen und nach Berlin fahren, manchmal besucht sie den einsamen Untermieter an seinem Standort. Man erinnert sich an die bitteren Worte Klaus Manns, der im Exil über sein einstiges Idol geschrieben hatte: »Nun sitzt er als grämlicher Stabsarzt in Hannover.« Oder schärfer noch, im Ton der Verfluchung des Abtrünnigen: »Man wird nicht nur nach Hannover versetzt, sondern in die Hölle.« Denn kaum wiedergutzumachen war die Geschichte der Verirrung des Dichters unter die braunen Banausen, die für einen wie ihn nur das Publikationsverbot kannten. Und so saß er oft allein beim Bier in einem der Lokale der Stadt, während das Liebesnest die meiste Zeit kalt blieb. Zur guten Regie ihrer Fernbeziehung gehörten die regelmäßig hin- und herfliegenden Briefe der Turteltauben, die Autobahn aber spielte, schon weil Benn keinen Führerschein besaß, dabei nie eine Rolle.

Kaum waren die ersten Streckenabschnitte freigegeben, kam es zu zahlreichen schweren Unfällen auf der Reichsautobahn, etwa durch das Auffahren von Kraftfahrzeugen auf parkende Lastwagen. Sie machten es nötig, den befestigten Randstreifen zu verbreitern. Nachdem der Güterverkehr, vor allem im Süden Deutschlands, mächtig angeschwollen war und weil es häufig zu Überholmanövern von Fernlastzügen kam, wurde eine zusätzliche Überholspur fällig. Der Ausbau der Straßen war der Produktionskapazität der Autoindustrie davongeeilt. Erst nach und nach kam die versprochene Massenmotorisierung in Gang, die das Auto als elitäres Luxusgut überwinden und den Gebrauchswagen für jedermann ermöglichen sollte. Die vorschnell verkündete Gleichheit der Verkehrsteilnehmer war in weite Ferne gerückt. Schließlich war Deutschland nicht Amerika, wo der Tycoon Henry Ford, den Hitler, wie auch den Flieger Charles Lindbergh, bewunderte, die Autoproduktion auf Fließbandfertigung umgestellt hatte. In Millionenstückzahl ging sein *Ford Model T* damals vom Band, es war das meistverkaufte Auto der Welt.

Gottfried Benn dagegen hatte früh schon sarkastisch bemerkt, was der Geist der Technik mit der Natur anstellte. In seiner Erzählung *Urgesicht* von 1927 hatte er über das neue Zeitalter geurteilt: »Es riß Findlinge aus den Feldern und trieb Kommunalblöcke aus ihren Weichen, es schmierte Asphalt durch die Wälder für eine Menschheit, die Vermehrung treibt.« In wenigen Worten das Bild einer völligen Umgestaltung der Landschaft. Wobei der Dichter gewiß nicht zu den Nostalgikern gehörte, die sich eine unberührte Natur zurückwünschten. Er hatte begriffen, wohin die Reise ging.

Allein auf weiter Flur bewegte sich, in beschaulicher Ruhe, wer in den Anfangsjahren die Reichsautobahn befuhr. Hunderte Kilometer lang nichts als unberührter Beton, versiegelte Flur, Landschaft in Banden, linear oder in Hyperbeln zerschnitten. Auf den Werbepostkarten der Zeit mußten die Fahrzeuge oft erst hineinkopiert werden, damit überhaupt ein Eindruck von Verkehr entstand. Wüstenpisten ins Nichts waren das, mit Strommasten am Horizont, Konstruktionen im Geist abstrakter Kunst, die alle Heimatromantik der Deutschlandverwalter Lügen strafte.

Im Bereich der Rhein-Main-Strecke bei Frankfurt, wo das Verkehrsaufkommen am höchsten war, zeigt sich die Kombination von Lastwagen, Kraftomnibus und mehreren Privat-PKW als typisches Schaubild. Darüber startet dramatisch ein Zeppelin in den Himmel, der Hangar steht düster im Hintergrund wie das Terminal aus einer verfehlten Zukunft. Chimären wie diese trieben die Phantasien der Reichsautobahnplaner voran, Science-fiction lag in der Luft. Die Autobahnlandschaft galt als Erzieherin eines neuen Menschentyps, getreu der herrschenden Blut-und-Boden-Ideologie. Otto Kurz, *Zukünftige Landschaftsbilder an der Reichsautobahn*: »Es ist daher genauso notwendig, unsere Landschaft rein und sauber zu erhalten und ihren Charakter zu wahren, wie dies für das Blut, also für rassisch hochwertiges Menschentum, längst selbstverständlich geworden ist. Neben der Rassenpolitik muß daher die Landschaftsgestaltung stehen; beide weisen und ebnen die Wege in die Entwicklung unseres Volkstums in den nächsten Jahrhunderten.«

Alles drehte sich um den heimatlichen Gesamteindruck, das

Phantasma einer organischen Architektur. So war am Ufer des Chiemsees ein Rasthaus entstanden, Hitler persönlich, der verhinderte Landschaftsmaler, hatte in die Entwürfe eingegriffen. Er verlangte vom Architekten, sich der im Alpengebiet üblichen Bauweise anzupassen. Auf seinen Fahrten zum Obersalzberg legte er dort später gern einen Zwischenstopp ein und stattete der Rastanlage im Landhausstil mit dem großen Gastraum, gegliedert von Ruhpoldinger Marmorsäulen, einen Besuch ab. Das Ensemble steht heute noch, und es steht unter Denkmalschutz.

Überlebt hat auch die Berliner AVUS (Automobil-Verkehrs- und Übungsstraße), mit der alles begann. Sie war in Deutschland die erste Strecke für den Nur-Auto-Verkehr, eine Art Blinddarm am Rand der Stadt. Bis 1940 diente sie ausschließlich als Rennbahn für die Silberpfeil-Flitzer und Sportwagen aus heimischer Produktion. Eine Teststrecke war die AVUS aber auch noch in anderer Hinsicht. Im Zuge ihrer fortwährenden Überarbeitung wurde der glatte und oberflächenfeste Straßenbelag entwickelt, ein völlig neues Teer-Beton-Mischmaterial, das den Autobahnbau im großen Stil erst ermöglichte.

Die Berliner kannten die zwei mal acht Kilometer lange Schleife mit ihrer breiten Doppelfahrbahn quer durch den Grunewald vor allem als Austragungsort der Motorrad-Straßenmeisterschaften, hier wurden die Rennen zum Großen Preis von Deutschland gefahren. Noch immer stehen, unweit des Funkturms und des Reichssportfeldgeländes (Olympiade 1936), die überdachten Tribünen wie vergessene Regenschirme, nach Europas letztem Regen dort übriggeblieben. Wie oft sind wir an ihnen vorbeigefahren, stadtauswärts beim Start in die alten Bundesländer, ins Ruhrgebiet oder in das sechshundert Kilometer entfernte München. Wir, das war dieses kollektive Wir, das sich auf den Autobahnen zerstreute und kreuz und quer über das Land verteilte – Menschen, die fortwollten, hinaus auf den Schwingen der Autobahn. Spätestens in Dreilinden, dem ehemaligen Kontrollpunkt an der früheren Zonengrenze, wo noch in den neunziger Jahren junge Frauen in Jeans oder kurzen Röcken und Männer mit schweren Rucksäcken standen, in der Hoffnung auf eine Mitfahrgelegenheit, atmete man auf und gab Gas, denn man hatte noch etliche Stunden Fahrt vor sich. Jetzt fing das Grübeln hinter dem Steuer an: Verdammt, dieses Deutschland, so groß, daß man die Fahrzeit einteilen mußte zwischen Langeweile und Euphorie, wie sie jeden erfaßte, der diese Landschaftsmasse mit mehr als hundert Stundenkilometern eroberte – immer neu eroberte bei jeder Fahrt.

Lange konnten die Deutschen, die wenigen Privilegierten, die im Dritten Reich über ein eigenes Auto verfügten, sich nicht am Komfort der neuen Überlandstraßen erfreuen. Bereits am 1. Januar 1942 wurde der Ausbau der Reichsautobahnen kriegsbedingt eingestellt. Einen Monat später wurden alle

Privatfahrten mit dem PKW verboten, um Treibstoff für den Krieg zu sparen. Nun hatte der Krieg das Projekt kaltgestellt. In ihrer gespenstischen Leere müssen die Autobahnen in diesen letzten Kriegsjahren wie die Rennpisten in der Salzwüste von Utah erschienen sein, in sommerlicher Hitze eine einzige Fata Morgana. Beim Angriff auf kriegswichtige Ziele wurden sie zumeist übergangen, obgleich die Militärs befürchtet hatten, sie könnten mit ihrer hell schimmernden Betondecke den Bombern als Wegweiser dienen, weithin sichtbare Schnittmusterbögen kreuz und quer durch das Feindesland. Anders als die Bahnstrecken kamen sie als Nachschubtrassen kaum je in Frage – und wurden meist schnell wieder repariert, hatten einzelne Bomber auf dem Rückflug ihre Fracht doch einmal auf ihnen abgeladen.

Von dem ehrgeizigen Vorhaben zeugten am Ende nur noch die imposanten Autobahnruinen, über das gesamte Reichsgebiet verteilt. Kürzere Abschnitte zwischen Fulda und Würzburg waren das, zwischen Hamm und Warburg, der längste war die Fragment gebliebene Autobahn von Wien über Brünn nach Breslau. Hier wurde zum letzten Mal angewandt, was die Planer aus allen Bauabschnitten zuvor gelernt hatten. Ein kleiner Triumph der Kunst am Rande: Ein Wiener Landschaftsmaler hatte in seinen perspektivischen Zeichnungen vorgegeben, wie sich das Gelände, dank geschwungener Linienführung, harmonisch einbetten ließ in das, was noch übrig war von der vermeintlich unberührten Natur, und dies je nach Beschaffenheit der verschiedenen *Gaue* Deutschlands. Denn die Reichsautobahn sollte, so Otto Kurz, »dazu helfen, daß ein Volksstamm die Eigenarten des anderen leichter kennenlernen und wertschätzen kann«.

Kriegsoffensiv genutzt wurden die Autobahnen am Ende nur von den Panzern der Alliierten, im Finale der Schlacht, sowohl im Westen durch Briten und Amerikaner als auch im Osten durch die auf das Endziel Berlin rasch vorrückende Rote Armee. Dabei zerpflügten die Panzerketten den allzu weichen Beton so tief, daß die betroffenen Fahrbahnen noch lange nach Kriegsende unbrauchbar waren. Als die russischen Stoßtrupps deutsches Reichsgebiet erreichten, staunten sie nicht schlecht über die gepflegten Kleinstädte und die Qualität der Straßen im allgemeinen. Wassili Grossman, der sowjetische Kriegsberichterstatter, hielt die Verwunderung seiner Soldaten fest: Es war ihnen unbegreiflich, wie Bewohner solcher geordneten Gegenden sich hatten aufmachen können, um ausgerechnet das unkultivierte Rußland zu überfallen.

Ein einfacher Wehrmachtssoldat, am Kriegsende zu Fuß unterwegs, wird später notieren: »Am nächsten Morgen erreichten wir die Autobahn von Berlin nach Stettin. Auf der leeren Bahn ging es wieder in Richtung Norden. Der Karren rollte jetzt besser, und wir gewannen wieder Anschluß. War das überhaupt noch Krieg, diese ziellose Wanderung durch ein menschenleeres Land?« schreibt Dieter Wellershoff in *Der Ernstfall*, seinem autobiographischen Bericht über das Aufwachsen im Dritten Reich und die letzten Monate des Krieges als Freiwilliger der Panzerdivision Hermann Göring. Das letzte Kapitel spielt diesseits der Oder: Vier Soldaten auf dem Rückzug mit einem Handwagen, beladen mit Waffen und Munition, während russische Panzerverbände rasch in Tagesmärschen über die Autobahn in Richtung Berlin vorstoßen.

In seinem Lebensbericht (*Wenn die Erinnerung kommt*) hält der israelische Historiker Saul Friedländer den Moment fest, wie er zum ersten Mal nach dem Krieg wieder deutschen Boden betritt. 1962, er ist zu Forschungszwecken unterwegs und

soll in Schleswig-Holstein, nahe der dänischen Grenze, einen Mann treffen, der einst Oberbefehlshaber der deutschen Marine war und nach Hitlers Selbstmord, als das Land in Trümmern lag, für wenige Tage das letzte Staatsoberhaupt: den Großadmiral Dönitz. Friedländer durchquert das ganze riesige Land in Richtung Norden, da wird es ihm auf der Autobahn mulmig: »Die Landschaft, die links und rechts der Straße an mir vorüberzog, die sich dem Blick ganz preisgab, begann bei Mannheim plötzlich ihr Aussehen zu verändern. Nicht eigentlich Angst oder Panik ergriff mich, sondern eher ein merkwürdiges Gefühl der Verzweiflung: Diese Autobahn hielt mich für immer in Deutschland gefangen; überall Deutschland, überall Deutsche. Ich hatte das Gefühl, in eine ausweglose Falle geraten zu sein. Die Gesichter, die in den schweren Wagen an mir vorüberfuhren, erschienen mir plötzlich eklig-fett und aufgedunsen; jedes einzelne der Verkehrsschilder am Straßenrand – in Deutsch! – war ein kalter, von einer allmächtigen, destruktiven Polizeibürokratie erteilter Befehl…«

Ein ähnliches Gefühl muß auch die Berliner Emigrantin

Schaubild einer Reichsautobahn

Gabriele Tergit beschlichen haben. Bei einem ihrer ersten Besuche nach dem Krieg war sie mit einer Journalistendelegation unterwegs durch Deutschland und schrieb: »Sie fuhren uns endlos. ›That's one of the Autobahnen‹, sagte ein Amerikaner.«

Da kommt mir zuletzt ein Gedicht wie gerufen, eine Kindheitserinnerung an die Nachkriegszeit im Schatten der Autobahn. In wenigen Zeilen wird der Einbruch der Geschichte in das Leben eines Jungen beschrieben. Der polnische Lyriker Adam Zagajewski, 1945 in Lemberg geboren, aufgewachsen in Gleiwitz, träumte wie viele in seinem Alter von großen archäologischen Entdeckungen. Was er statt dessen fand, war eine Spur in die Gewaltgeschichte seines Jahrhunderts. Im ehemals österreichischen, später polnischen Lemberg, das nach dem Hitler-Stalin-Pakt an die Sowjetunion fiel, hatten deutsche Truppen während der Besatzung rund eine halbe Million Menschen umgebracht, vorwiegend Juden, aber auch Polen. Nach Kriegsende wurde die polnischstämmige Bevölkerung, darunter die Zagajewskis, umgesiedelt und fand sich in Gleiwitz, Oberschlesien, wieder, der Stadt, in der am 1. Septem-

ber 1939 mit einer inszenierten Provokation durch Himmlers
Agenten der Krieg begonnen hatte.

Autobahn

Ich war vielleicht zwölf.
In einem Schrotthaufen unter dem Viadukt der Autobahn,
die Hitler gebaut hat, suchte ich Spuren jenes Krieges, Spuren
der Eisenzeit, der Zeit der Bajonette und Helme, egal welcher
Armee, ich träumte von großen Entdeckungen –
ganz wie einst Heinrich Schliemann,
der in Kleinasien nach Hektor und Achilles suchte,
aber ich fand nie ein Bajonett,
auch kein Gold, überall nur Rost,
der braune Haß des Rostes; ich hatte Angst,
er könnte in mein Herz eindringen.

3 Im Luftkrieg der Bilder

Fünf Jahre nach dem Ende des mörderischsten Krieges der Neuzeit kommt Hannah Arendt auf Deutschlandbesuch. Die Philosophin aus Königsberg, deren Werk in unseren Tagen eine Renaissance erlebt und die nun endlich, nach vielen verstreuten Einzeleditionen, eine Gesamtausgabe erhält, kehrt zum ersten Mal nach der Katastrophe zurück in ihr Heimatland. *Ein Besuch in Deutschland 1950* hält in Essayform fest, was sie sah und dachte, ein Augenzeugenbericht, erstveröffentlicht in New York. »Beobachtet man die Deutschen, wie sie geschäftig durch die Ruinen ihrer tausendjährigen Geschichte stolpern und für die zerstörten Wahrzeichen nur ein Achselzucken übrig haben oder wie sie es einem verübeln, wenn man sie an die Schreckenstaten erinnert, welche die ganze übrige Welt nicht loslassen, dann begreift man, daß die Geschäftigkeit ihre Hauptwaffe bei der Abwehr der Wirklichkeit geworden ist.«

Als ich das Buch in seiner deutschen Originalausgabe bestelle, bietet der Lieferdienst antiquarischer Bücher mir gleich noch drei weitere Titel an: Florian Huber, *Kind, versprich mir, dass du dich erschießt. Der Untergang der kleinen Leute 1945*, Alexandra Senfft, *Schweigen tut weh. Eine deutsche Familiengeschichte* und Rolf Peter Sieferle, *Finis Germania* – eine nicht ganz zufällige Auswahl, wie mir scheint, die aber mitten hinein führt in die Grauzonen jener »Erinnerungskultur«, in denen die Deutschen von heute ihrer Vergangenheit habhaft zu werden versuchen.

Auf ihrer Reise durch Süddeutschland sieht Hannah Arendt die zerstörten Städte, sammelt Impressionen und spricht mit den Leuten, wie eine gute Reporterin es tun würde. Sie trifft auf Karl Jaspers und Martin Heidegger, ihre Lehrer und Weggefährten, aber nicht davon handelt der Bericht. Sie konzentriert sich auf die Stimmung der Überlebenden, das verschüttete Innenleben der Ausgebombten, die durch die Trümmerlandschaft ameisengleich ihrer Wege gehen. Sie bemerkt den Schatten tiefer Niedergeschlagenheit, der über diesem Volk liegt, fragt nach den Auswirkungen des Krieges und versucht, den Alptraum, den ein physisch, moralisch und politisch ruiniertes Deutschland dem Rest der Welt hinterließ, zu deuten. Von heute aus scheint es, als habe es in diesen Tagen nur diese eine gegeben, die sich den Verstand einer modernen Pallas Athene bewahrt hatte. Da ist ein Ton, den man in solcher Klarheit bei keinem ihrer akademischen Kollegen seinerzeit findet, mit Ausnahme der Vertreter der Frankfurter Schule, die vieles davon vorausgedacht hatten. Max Horkheimers *Eclipse of Reason* von 1947 (auf deutsch erst zwanzig Jahre später unter dem Titel *Zur Kritik der instrumentellen Vernunft* erschienen) sowie der künftige

Theorieklassiker von Horkheimer und Adorno, *Die Dialektik der Aufklärung* (1944), hatten den Boden bereitet, aber es sollte noch eine weitere Generation dauern, bis ihre Ansichten beim deutschen Publikum anschlugen und zum Ausgangspunkt eines neuen Geschichtsbewußtseins unter den künftigen Denkern und Dichtern wurden.

Eine untrügliche Ironie und ein großer Scharfsinn schwingen in den Sätzen der Heimkehrerin aus dem transatlantischen Exil mit. Es ist diese erfrischend strenge, optimistische Melodie, die ihre Schriften nun wieder lesbar machen als die einer Kronzeugin in Sachen gescheiterter Demokratie. In ihrer Wahrheitssuche, fröhlich im Sinne Nietzsches, nimmt sie am »deutschen Wesen« und an der Art dieser Nachkriegsdeutschen überall Defizite wahr, die ihr, einer Angehörigen des Volkes der Denker und Dichter in seinem dauernden Irrgang, seit langem vertraut waren. Es entgeht ihr nicht das Verdrängte, Unausgesprochene, selbst von den tiefsten Köpfen kaum Ansprechbare angesichts der jüngsten Geschichte. Der ewige Mangel an politischer Klarheit: »Man hat es hier nicht mit Indoktrinationen zu tun, sondern mit der Unfähigkeit und dem Widerwillen, überhaupt zwischen Tatsache und Meinung zu unterscheiden.«

Sie geht dem tiefverwurzelten Selbstmitleid der Besiegten nach, ihrer eingeborenen Wirklichkeitsflucht, dem nihilistischen Relativismus, der sie nach dem totalen Desaster an der Möglichkeit jedweder Humanität zweifeln läßt. »Inmitten der Ruinen schreiben die Deutschen einander Ansichtskarten von den Kirchen und Marktplätzen, den öffentlichen Gebäuden und Brücken, die es gar nicht mehr gibt. Und die Gleichgültigkeit, mit der sie sich durch die Trümmer bewegen, findet ihre genaue Entsprechung darin, daß niemand um die Toten trauert; sie spiegelt sich in der Apathie wieder, mit der sie auf das Schicksal der Flüchtlinge in ihrer Mitte reagieren oder vielmehr nicht reagieren.«

Im selben Jahr geht eine andere Deutschlandreisende genau dieser Frage nach: Wie es sein kann, daß das Elend so vieler Millionen Landsleute, der Flüchtlinge und Vertriebenen in den Massenunterkünften und Lagern, den besser Situierten und nicht Ausgebombten so gleichgültig ist. Ré Soupault, die Frau des Mitbegründers des Surrealismus, Philippe Soupault, geborene Meta Erna Niemeyer aus Bublitz in Pommern, bereist das besiegte Land im Auftrag verschiedener Pariser Zeitungen. Ihr Lebensweg bis dahin war der exemplarische der modernen selbstbestimmten Frau, mit Studium am Bauhaus in Weimar, Stationen als Filmassistentin, Modegestalterin, Reisephotographin, Mitglied in den Zirkeln der Surrealisten, nun wird sie, in größtmöglicher Sachlichkeit, über die Wohnlager der Heimatvertriebenen berichten, über Familien, die in Erdhöhlen hausen, verwahrloste Kinder, die bettelnd und stehlend durch das zerstörte Land ziehen. Bei ihren Recherchen stößt auch sie überall auf die Spur der Verdrängung des jüngst Geschehenen.

Ein Gespräch über die Ursachen ist kaum möglich, die wenigsten hätten auch nur die Muße zum Nachdenken gehabt. Die Niederlage hat sie als Schockwelle überrollt, offenbar waren sie alle bis zuletzt vom Regime nur mit Falschinformationen versorgt worden. So tief war die Verstrickung vieler Deutscher in Hitlers Eroberungspolitik gewesen, daß nur umfassende Amnesie ihnen nun weiterhalf. Das erklärt auch die seltsam pauschale Historisierung des gerade erst Vergangenen, das man im Grunde schon der Antike zuschlug. So heißt es in einer »Charta der deutschen Heimatvertriebenen« von 1950, gleich unter Punkt 1: »Wir Heimatvertriebenen verzichten auf Rache und Vergeltung. Dieser Entschluß ist uns ernst und heilig im Gedanken an das unendliche Leid, welches im besonderen das letzte Jahrzehnt über die Menschheit gebracht hat.« Das letzte Jahrzehnt also ist schuldig, schließt Ré Soupault, nicht etwa gewisse Menschen, die einen entscheidenden Einfluß auf das Schicksal der Welt im Laufe des letzten Jahrzehnts und darüber hinaus ausgeübt haben. Bei den Befragten trifft sie überall auf Verständnislosigkeit. Nur unter den einfachen Flüchtlingen aus dem Volk ist von den »Naziverbrechern« die Rede, die diesen Krieg angezettelt haben.

Der Befund sprachlicher Hemmung gilt erst recht für die Literatur. Der Bruch war so total, daß auch die Erzählmuster unter den Trümmern begraben lagen. In den Jahren nach der »Stunde Null« gab es lange kein Buch, das den Zusammenbruch in Worte fassen konnte. Die Überlebenden, Autoren wie Journalisten, suchten mühsam nach einer Sprache des Neubeginns. Gabriele Tergit, die bekannteste Gerichtsreporterin der Weimarer Zeit, jüdische England-Emigrantin, Verfasserin des Erfolgsromans *Käsebier erobert den Kurfürstendamm* (1932), trifft nach ihrer Rückkehr 1948 ins zerbombte Berlin Peter Suhrkamp und hält fest: »Und nun sagt Peter Suhrkamp fünfzehn Jahre nach einer Epoche, die überfloß von Talenten: ›Wir haben keine Manuskripte. Wir hatten erwartet, daß alle Schubladen überquellen würden von Geschichten, Romanen, vor allem Dramen.‹«

Hannah Arendts Befund aber weist auf vieles voraus, was uns heute noch immer beunruhigt. Abermals ist eine große Migration im Gange, gibt es Vertreibung und Flucht infolge von Kriegen, machen aus wirtschaftlich depravierten Regionen in Afrika und Asien Menschen sich auf in die Paradiese der Besserverdienenden. Abermals schotten in Deutschland sich die glücklich Angekommenen ab und bestimmen mit ihren

Verlustängsten die Politik. Ein nationalistischer Egoismus geht um, Demokratie, Medien- und Meinungsvielfalt werden verächtlich gemacht wie damals am Ende der Weimarer Republik.

Gegen diesen Fatalismus in einer Republik ohne Republikaner war als einer der ersten Heinrich Mann Sturm gelaufen. In seiner Essaysammlung *Der Haß*, gewidmet »Meinem Vaterland«, im Spätsommer 1933 im Amsterdamer Querido Verlag erschienen, als der Autor bereits im Exil war, finden sich deutliche Worte für das Problem eines Nationalismus, der anscheinend immer dann stark wird, wenn alle Vermittlungsversuche zwischen den Völkern und auch innerhalb der eigenen Bevölkerung scheitern. In den Lehrplänen für den Geschichtsunterricht sollte sein Buch, Versuch einer Revision des scheinbar Unvermeidlichen, einen festen Platz finden.

Darin gibt es Sätze, die im Kontext deutscher Geschichte bis heute nützlich sein könnten. »Mag es nur eine verhältnismäßige Freiheit gewesen sein, das freieste Regierungssystem war es immer noch, das Deutschland je gekannt hat«, heißt es da in einer positiven Wendung gegen allen Zeitgeist. »Das Volk war auf gutem Wege, es ist nur aufgehalten worden von seiner wirtschaftlichen Not.«

Beispiellos hellsichtig ist seine Analyse der verfahrenen Lage Deutschlands am Ende der Weimarer Republik: »Als Reaktion und Nation in den Köpfen zur Einheit geworden waren, konnte endlich der Nationalsozialismus ausbrechen, die große neue Bewegung, die Bewegung des Stillstands, die Neuheit einer Alterserscheinung, der Anspruch der Krüppel und der Leeren auf großen Um- und Auftrieb.« Heinrich Mann wagte etwas auszusprechen, was Karl Kraus, der wortmächtigste Kritiker seiner Zeit, sich versagte, um die Leser seiner »Fackel« nicht zu gefährden, als er gestand: »Mir fällt zu Hitler nichts ein.«

Heinrich Mann aber fiel sofort vieles ein, er fand die einzig klaren Worte zur Situation: Zeitdiagnostik am Ende der Weimarer Republik. Offenbar war er jemand, der in die Kristallkugel blicken konnte. In erstaunlicher Weitsicht schwang er sich auf zu einer Vision, die alles, was kommen würde, vorwegnahm: »Das aufgerüstete Deutschland würde vorgeschickt werden gegen Sowjetrußland, das allein wäre im Sinn des alten Systems. Nach menschlichem Ermessen würde das System geschlagen werden; man besiegt keine Revolution, deren Idee durch die gegebene Wirklichkeit gestützt wird und die Gleichgesinnte auf der Gegenseite hat.« Genauso geschah es dann, wenn auch erst zwölf quälend lange, auswegslose Jahre später, in denen Millionen Juden ermordet wurden, Millionen Soldaten im Krieg gegen die Sowjetunion und an den Fronten Europas verbluteten und ganze Städte von Coventry bis Hiroshima in Schutt und Asche versanken.

Als Hannah Arendt die Auswirkungen nationalsozialistischen Furors besichtigte, hatte auch der Rest der Welt begriffen, was Heinrich Mann, der sich auf seine humanistische Gesinnung berief, schon 1933 voraussah. »Der Nationalismus ist endgültig festgefahren sowohl politisch wie wirtschaftlich, er sichert keinen Staat mehr, und er vernichtet die Menschen. [...] Das unbefangene Denken ist fertig mit einem geschlossenen Nationalstaat.« Das sollten wir festhalten, weil es bis zum heutigen Tag nichts an Gültigkeit verloren hat.

Heinrich Mann, beileibe kein Marxist, sondern ein aufrechter Republikaner und europäischer Geist, schrieb in der Stunde der hereinbrechenden Finsternis Sätze wie diesen: »Übrigens war soeben der Friede von Versailles geschlossen worden, und dieser war notwendig ein Erzeugnis desselben Nationalismus, der vorher die Völker reif für den Krieg gemacht hatte.« Das Bekenntnis zum Übernationalen galt damals, nicht nur in

Deutschland, allgemein als Verrat, verteufelt wurde der Pazifismus der Weltkriegsmüden. Die Sorge, die europäischen Nationen könnten abermals in einen Krieg taumeln, wurde als Luxusempfindung einiger Kosmopoliten abgetan.

Heinrich Mann sah die Dinge klarer als die meisten seiner Schriftstellerzeitgenossen. In den späten zwanziger Jahren ist aber auch der weit berühmtere Bruder zum entschiedenen Verteidiger der fragilen Republik geworden. Gegen alle Angriffe der Rechtspresse hielt er an einer Aussöhnung mit den Nachbarländern fest, setzte sich für eine europäische Verständigung ein. Den Nationalsozialismus erkannte er, schon bald nach seiner Ausbürgerung, als das, was er war: »entartete Demokratie«. So also sah ein »moralisch unechter« Sozialismus aus, ein Populismus als Herrschaftsform, basierend auf einer Weltanschauung, die sich der Gefolgschaft »der Unwissenden und Unkultivierten« sicher sein konnte, heißt es 1938 in einem Vortrag, gehalten in fünfzehn Städten der Vereinigten Staaten von Amerika: »Vom zukünftigen Sieg der Demokratie«.

Hannah Arendt auf ihrer Tour durch das zerstörte Deutschland bemerkt bei den Geschlagenen einen seltsamen Mangel an Empathie mit dem eigenen Schicksal. Die Unfähigkeit zu trauern ist ihr, Jahre bevor die Mitscherlichs als Psychologen die Diagnose stellten, als Symptom bereits aufgefallen. »Verglichen mit der Haltung der Deutschen angesichts all ihrer verlorenen Schätze, verspüren die Menschen in Frankreich und Großbritannien eine tiefere Trauer über die vergleichsweise wenigen zerstörten Wahrzeichen ihrer Länder.« Die politische Denkerin wundert sich über den antidemokratischen Reflex unter ihren besiegten, in sich eingeschlossenen Landsleuten, eine Haltung, die nicht einmal durch die jüngsten Repressionserfahrungen während der gerade untergegangenen Hitlerdiktatur loszuwerden war. »Der Durchschnittsdeutsche sucht die Ursachen des letzten Krieges nicht in den Taten des Naziregimes, sondern in den Ereignissen, die zur Vertreibung von Adam und Eva aus dem Paradies geführt haben.« Da war kein Stein auf dem anderen geblieben, aber bei den Ausgebombten, den Vertriebenen und Entwurzelten war die Wirkung vor allem Selbstmitleid und Versteinerung angesichts der zerstörten Städte und des persönlichen Verlusts jedes Einzelnen. Nur Schadenfreude war ihnen geblieben – »ein Stil, der sorgfältig kultiviert wird«.

Was sollte die Weltgemeinschaft von diesem Stamm halten, der bald nach der Währungsreform wieder munter in sein Alltagsleben umschwenkte und allerorts mit dem Wiederaufbau begann? Ein Volk, wie kaum ein anderes dieser Erde in Arbeit vernarrt, besinnungslos räumt es die Trümmer beiseite und weigert sich, zu begreifen, wie es dazu hat kommen können. So kennt Deutschland die Welt, wenn auch die Deutschen selbst, mit ihren Autobahnen und Walzwerken, ihren Chemieanlagen und Maschinenbaufabriken, mit all den Wirtschaftsleistungen ihres ameisenhaften Fleißes, sich so nie haben erkennen wollen.

Den Zentren der Schlüsselindustrie, Bauwerken von militärischem Nutzen, hatten die Angriffe der alliierten Bomber gegolten, bevor das sogenannte *moral bombing*, bei vielen noch heute umstritten, schließlich auch offizielles Kriegsziel wurde. Aber gerade die Industriegebiete sind, trotz der verheerenden Angriffe auf Bahnlinien, Stahlwerke und Treibstoffraffinerien, wie Phönix heil aus der Asche gestiegen. Die von Albert Speer, dem Rüstungsorganisator, befürchtete Querschnittslähmung des gesamten Produktionssystems war jedenfalls ausgeblieben, während ganze Kulturstädte, weltweit bewundert, mit ihren historischen Kernen ausgelöscht wurden. Der Durchhaltewillen der Truppen, die unendliche Duldsamkeit der Zivilbevölkerung hatte sich auf diese Weise nicht brechen lassen.

Die Zentren der Rüstungsindustrie wurden immer nur punktuell demoliert. Durch das gründlich zerstörte Dresden fuhren schon Tage nach dem Feuersturm wieder Züge an die Front. Der Verkehr strömte über die Elbebrücken, und auch die Rüstungsproduktion ging in Sachsen, der *Waffenschmiede des Reiches*, beinah unvermindert weiter.

Für das Ausland unfaßbar aber war das Schweigen der meisten Deutschen nach ihrer krachenden Niederlage im Mai 1945, ein Fall von nahezu klinischem Mutismus, Ausdruck einer bislang unbekannten sozialen Schockphobie eines ganzen Volkes.

Später eröffnete sich von hier aus ein ganz neues Forschungsfeld: das der Psychohistorie, mit der ein Denker wie Robert Jay Lifton, Psychiater der Air Force in Japan und Korea, voranging in seinen Untersuchungen über die Ursachen und Folgen von Kriegen und politischer Gewalt. *Der Verlust des Todes*, *Die Psychologie des Völkermordes: Atomkrieg und Holocaust* waren die Meilensteine seiner Erkenntnis, geprägt von seinen frühen psychologischen Studien über Adolf Hitler und von Sigmund Freuds Ideen über die Auswirkungen kollektiv triebhafter Verblendung. Die Theorie vom »brainwashing« lieferte ihm den Schlüssel zum Verständnis der psychologischen, massenmedial gesteuerten Einflußnahme auf große Bevölkerungsteile unter der Bedingung von Isolation, inszenierter Bedrohung (Straßenterror, KZ, Deportation) und Abdichtung gegen andere, die einen bedrohen und gegen die man sich wehren muß. Den Taten ging die Sprache voraus oder umgekehrt, von Beginn der Hitler-Herrschaft an war man in einem Teufelskreis gefangen. Propaganda tat ihr Werk und der Einschüchterungsmechanismus der Diktatur, bis alle so weit sprachlich auf Linie gebracht waren, daß sie keine Alternative denken konnten und nicht mehr wußten, wohin mit ihren eigenen Gedanken. Die Gegenwart hatte sich wie eine Grabplatte über dem Leben des Einzelnen geschlossen.

Die verlogene Sprache des Nationalsozialismus – Musterfall einer Vergiftung durch abstumpfende Rhetorik – hatte eine kollektive Sprachlosigkeit erzeugt, die das Verkümmern der elementaren Mitteilungsformen bewirkte. Hierin liegt bis heute das Rätsel des Faschismus begraben. Nach seinem bitteren Ende wurde über alles ein Mantel des Schweigens gebreitet.

Dem Nachgeborenen, gewöhnt an die permanente Thematisierung der zwölf Jahre Unheilsgeschichte, erscheint diese Sprachlosigkeit bemerkenswert. Aller fachlichen Aufarbeitung zum Trotz ist sie noch immer nur schwer durchdringbar. Es gibt die Geschichtsbücher, es gab die Historikertage und den Historikerstreit, und es gibt das opake Feld der im Volk kursierenden Meinungen, Visionen und Revisionen. Klar ist nur soviel: Deutschland wurde nach dem Hitler-Krieg in zwei Teile zerbrochen. Die Alliierten hatten, auf ihren Konferenzen von Teheran und Jalta, beschlossen, das germanische Bärenfell aufzuteilen. Ein roter Strich auf der Landkarte bewirkte, daß Familien, Lebenswege, Erzählungen für immer geteilt wurden. Das Resultat war nicht nur eine geographische und politische Spaltung, sondern das gespaltene Bewußtsein einer Nation insgesamt – das deutsch-deutsche Spaltungsirresein, eine Schizophrenie (vergleichbar der von Süd- und Nordkorea), die bis heute anhält. Fortan wurde in zweierlei Redeweisen geschwiegen. Und noch heute wundern die Deutschen sich, wenn die Kruste aufbricht und das Verdrängte zu rülpsen beginnt wie ein verstopfter Ausguß und immer neue Konflikte (RAF, NSU, Pegida, die jüngsten Mordaktionen) und Parteien hervorbringt – und alles scheinbar wieder von vorn beginnt, unbegriffen und unmoderierbar.

Im Osten, wo ich geboren wurde (im bombenzerstörten Dresden), hatten die Strohmänner in Moskaus Auftrag, vom NKWD gesteuerte Funktionäre wie Walter Ulbricht, die Stalins Verfolgung der kommunistischen Internationale, den Terror der Säuberungen und die Selektion unter den Gleichgesinnten im Hotel Lux überlebt hatten, den DDR-Staat errichtet. So beschreibt es Andreas Petersen eindrucksvoll in seiner Bestandsaufnahme *Die Moskauer. Wie das Stalin-Trauma die DDR prägte.* Im Westen war Adenauer zugange gewesen und hatte seine christlichen Demokraten mobilisiert, der tapfere Bürgermeister von Köln, von den Nazis kaltgestellt, ein Rheinländer, für den die Elbe ein Grenzfluß war, jenseits dessen für ihn das furchtbare Asien begann.

In diese Gemengelage bin ich hineingeboren, einer, der bis heute versucht, den vollen Film zu entwickeln und einen historischen Überblick über das ganze Gelände der Zerstörung zu gewinnen.

Der Schriftsteller W. G. Sebald hat den Komplex dieses unheimlichen kollektiven Verstummens zum Gegenstand einer Vorlesungsreihe über »Luftkrieg und Literatur« gemacht (1997 an der Zürcher Universität gehalten). Darin wird einerseits auf die enormen, in gleichsam verbissenem Schweigen erbrachten Aufbauleistungen verwiesen. Mit der interessanten Beobachtung, daß zu ihren Voraussetzungen sicher auch »das in der totalitären Gesellschaft erlernte fraglose Arbeitsethos, die logistische Improvisationsfähigkeit einer von allen Seiten bedrängten Wirtschaft ... und der letzten Endes nur von wenigen bedauerte Verlust der schweren historischen Fracht [gehört], die zwischen 1942 und 1945 mit den jahrhundertealten Wohn- und Geschäftshäusern in Nürnberg und Köln, in Frankfurt, Aachen, Braunschweig und Würzburg in Flammen aufging«. Die so gern als deutsch gepriesenen Tugenden, der Arbeitswille, die Gründlichkeit, die Opferbereitschaft, der enorme Handwerksfleiß, waren in Wirklichkeit Verhaltensweisen, wie sie von den Bewohnern dieses Territoriums immer wieder in historischen Krisensituationen aktiviert werden konnten, im Dritten Reich noch verstärkt durch den Zwang zur Autarkie und eine kriegsbedingte Mangelwirtschaft. Die deutsche Fähigkeit, auch mit Ersatzstoffen und einem auf Lebensmittelmarken und Notrationen gestellten Leben Höchstleistungen zu erbringen. Das erratische Schweigen der meisten Deutschen erwies sich, so gesehen, nur als die Kehrseite des für die Nachbarvölker unfaßbaren Durchhaltewillens bis zur letzten Stunde.

Sebald sieht die Anzeichen sozialer Verhärtung und sprachlicher Verödung sowie des auffälligen Gefühlsvakuums der Nachkriegsdeutschen als Folge des in den Jahren der Schreckensherrschaft verinnerlichten Gehorsams.

Zwölf Jahre Einpeitscherei und autoritäre Erziehung hatten

es den Deutschen abgewöhnt, Fragen zu stellen. Kaum einer der Überlebenden der massiven Städtebombardements kommt im Rückblick über ein paar fassungslose Floskeln der allgemeinen Erschütterung hinaus. Selten wird einmal in aller Schonungslosigkeit festgehalten, was einer sah. Immer mischt sich, wie auf den Todesanzeigen, die ausdruckskonforme Metapher ein, die probate Formel im Sinne der Sprachregelung, wie sie im Goebbels-Medienimperium eingeübt wurde. »Die in ihrer extremen Kontingenz unbegreifliche Wirklichkeit der totalen Zerstörung verblaßt hinter einschlägigen Formulierungen wie ›ein Raub der Flammen‹, ›verhängnisvolle Nacht‹, ›es brannte lichterloh‹, ›die Hölle war los‹, ›starrten wir ins Inferno‹, ›das furchtbare Schicksal der deutschen Städte‹ und dergleichen mehr. Ihre Funktion ist es, die über das Fassungsvermögen gehenden Erlebnisse zu verdecken und zu neutralisieren.«

Der Kritiker solcher stereotypen Redensweisen macht aber auch vor Augenzeugenberichten nicht halt, die bislang als unbescholten galten. So muß Victor Klemperer, der dezidierte Sprachkritiker, Verfasser der *LTI*, einer Chronik der Sprachkrise im Dritten Reich, Kronzeuge der staatlichen Verbrechen an den jüdischen Mitbürgern seiner sächsischen Heimatstadt, sich den Einwand gefallen lassen, auch sein Tagebucheintrag über das Ende von Dresden bleibe in sprachlichen Konventionen befangen. »Nach dem, was wir heute wissen über den Untergang Dresdens, dünkt es uns unwahrscheinlich, daß einer, der damals von Funken umstoben auf der Brühlschen Terrasse gestanden und das Panorama der brennenden Stadt gesehen hat, davongekommen sein soll mit ungetrübtem Verstand.«

Aber warum denn nicht? Klemperer, davon legt sein Bericht auf jeder Seite Zeugnis ab, war gewiß nicht mit ungebrochenem Herzen dabei, als die Stadt unterging, wohl aber mit einigermaßen ungetrübtem Verstand. Seine distanzierte

Beschreibung der Katastrophennacht hatte gewiß nichts mit Verdrängung und Traumaresistenz zu tun. So gehörte gerade Victor Klemperer, geboren in Landsberg an der Warthe, wo der Dichter Gottfried Benn als Arzt im Wehrmachtsdienst sein berühmtes *Doppelleben* führte, zu den größten Verehrern Dresdens. Sein Tagebuch ist, über alle Widrigkeiten des Nazialltags hinweg, eine Liebeserklärung an die Stadt und ihre Kultur, deren Chronist er nun, in den Jahren vor ihrem Untergang, unfreiwillig wurde, als er täglich ums Überleben zu kämpfen hatte.

Am selben Tag, da die Bomber kamen, war er wieder als Briefträger unterwegs und hatte im Auftrag der Gestapo Deportationsbefehle aushändigen müssen. Darunter einen an eine junge Mutter mit ihrem vierjährigen Kind. Die schlimme Episode hat sich mir eingeprägt, weil sie gleichsam das Vorspiel für die große Erlösung war, als Dresdens Juden den Feuersturm erlebten (wenn sie ihn denn überlebten wie Klemperer). Ein glücklicher Zufall wollte es, daß ein Volltreffer auch die Gestapoleitstelle im ehemaligen *Columbia*-Hotel hinter dem Hauptbahnhof in Brand setzte und daß in dieser Zufallslotterie des Bombenkrieges auch die örtliche »Judenkartei« verbrannte.

Niemand weiß, was aus der jungen Mutter und ihrem Kind wurde (ein Formular hatte den beiden als Endziel Auschwitz vorbestimmt), anderntags aber hatten die Häscher der zerbombten Verfolgerzentrale schon wieder Jagd auf die jüdischen Ausreißer gemacht. Gut möglich, daß die Erleichterung, mit der die Juden Dresdens (darunter der Briefträger Klemperer) illusionslos und ungerührt den Untergang ihrer Stadt hinnahmen, zu einer Rationalisierung der Schrecken führte. Todgeweihte können sich Tränen nicht leisten, und wenn schon, dann erst aus sicherem Abstand – dem des Exils (in Israel, Amerika oder anderswo). Seine unwahrscheinliche Flucht in den letzten Kriegstagen erlaubte dem Davongekommenen, der trotz alldem Bericht erstattete, jedenfalls keinen Aufenthalt bei den eigenen verletzten Gefühlen in der ausschweifenden Manier des von ihm bewunderten Marcel Proust.

Die Wochen nach dem Untergang wurden für Klemperer und seine Frau Eva noch einmal zu einem Kampf ums Überleben, der alle Kräfte forderte und keine Zeit ließ für Trauergefühle. Zu sagen, auch bei ihm habe sich das apokalyptische Geschehen nur im normalsprachlichen Rahmen abgebildet, auf einer blindlings grundierten Leinwand, wie Sebald es tat, ist zumindest in diesem Falle verfehlt.

Es ist richtig, auch Klemperer bleibt in seiner Schilderung der Bombennacht erstaunlich gefaßt, aber aus durchaus nachvollziehbaren Gründen. Auch er hält sich an scheinbar nebensächliche Details, und schon gar nicht schert er ins Visionäre aus, wie beispielsweise Erich Nossack in seinem Bericht von der Zerstörung Hamburgs, *Der Untergang*. Dort wird das Unfaßbare der Katastrophe auf dem Höhepunkt in eine Traumszene übersetzt, die vom Weltenende kündet, wobei die Erzählung selber ins Stammeln gerät. »Vergessen! Es lagen einige, die übrig geblieben waren, auf dem nackten Boden der Welt. [...] Da redete einer im Traum. Keiner verstand, was er redete. [...] ›Ich bekenne: Wir waren Menschen!‹«

Nun sind aber Sebalds Ausführungen zum Thema Luftkrieg sonst in keiner Weise mißverständlich oder aspektblind. Sebald, der Alexander Kluge, Verfasser der einzigen radikal analytischen Erzählung zum Thema Bombenkrieg am Beispiel seiner Geburtsstadt, *Der Luftangriff auf Halberstadt am 8. April 1945*, den aufgeklärtesten aller (deutschen) Schriftsteller genannt hat – »Die ironische Verwunderung, mit der er die Tatsachen registriert, erlaubt ihm die Einhaltung der für jede Erkenntnis unabdingbaren Distanz« –, ist in der neueren deutschen Literatur selbst einer der verständnisvollsten. Er gilt als die vorerst letzte Instanz einer umfassenden moralischen Perspektive auf das katastrophale Geschehen – die jüdische, die deutsche und jene der in den Weltkrieg verstrickten Gegner, vor allem der britischen Luftwaffe.

Der Verfasser von *Austerlitz* und *Die Ringe des Saturn* ist vorerst der einzige Brückenkopf, über den deutsche Leser, an die eigene Geschichtserzählung gebunden, verfügen, um etwas von der Gemeinsamkeit im Verlust zu begreifen. Kein anderer als der Professor für Neuere Deutsche Literatur an der University of East Anglia in Norwich hätte Sätze wie diesen schreiben können: »Doch muß ich nicht unbedingt nach Deutschland, an den Ort meiner Herkunft zurück, wenn ich mir die Zeit der Zerstörung vergegenwärtigen will. Sie wird mir auch da, wo ich heute lebe, oft in Erinnerung gerufen. Ein Großteil der mehr als siebzig Flugfelder, von denen aus die Vernichtungskampagne nach Deutschland getragen wurde, befand sich in der Grafschaft Norfolk.«

So weit hinaus ins Ausland also, hinter die ehemaligen Fronten, mußte einer gelangen, um als deutscher Autor derart klar reflektieren zu können. Als ich anfing, seine Bücher zu lesen, hatte ich keine Vorstellung von ihrem Verfasser. Dabei war mir in seinem denkwürdigen Reisebuch einer Spurensuche in Wien, Verona, Venedig und Riva besonders die Schilderung der Heimkehr in einen kleinen Alpenort in Erinnerung geblieben: im Kapitel »Ritorno in patria«, das mir als biographischer Kern seines Erzählprojekts viel später erst aufging.

Was für ein Glück, denke ich heute, daß wir uns dann doch einmal begegnet sind, und das eher zufällig. Umhergewirbelt vom Literaturbetrieb beide, der seinerzeit, in den späten neunziger Jahren, erst richtig Fahrt aufnahm und die Konkurrenten der

Buchmessen, Literaturhäuser und aller anderen Schauplätze des öffentlichen Auftretens nach und nach in die Einsamkeit trieb, ergab sich der Moment, von dem ich heute noch zehre. Viele solcher Zufallsbegegnungen sind in einem Dichterleben nicht vorgesehen. Man wünscht sie sich vielleicht, aber meistens kann man nur davon träumen. Berlin-Tegel, Flug nach Frankfurt, ich habe mich gerade auf einem der hinteren Sitzplätze angeschnallt, da kommt aus den vorderen Reihen ein Mann auf mich zu und beugt sich zu mir herab: Sebald sein Name, er wisse schon, wer ich sei. Er habe meine ersten Gedichtbände wahrgenommen und sei froh, mir nun endlich auch zu begegnen. Unterm Arm hielt er eine Ausgabe des Berliner *Tagesspiegel*. Tatsächlich: es war W.G. Sebald, der vieldiskutierte, geheimnisumwitterte, in England lebende Autor. Ich hatte damals erst eines seiner Bücher gelesen, *Schwindel. Gefühle*, dies aber gleich zweimal, und nun war er zu mir, dem literarisch doch eher blinden Passagier auf diesem Flug, herübergekommen, um mir direkt in die Augen zu sehen – eine Szene, die ich mir später noch oft zu entwickeln versucht habe, weil sie mir, nach seinem frühen Unfalltod im Jahr darauf, immer mehr als eines dieser unwahrscheinlichen Ereignisse erschien, Koinzidenzen in Zeit und Raum, die ein Schriftstellerleben prägen können. »Solcher Art sind die Abgründe der Geschichte. Alles liegt in ihnen durcheinander, und wenn man in sie hinabschaut, so graust und schwindelt es einen.«

Als hätte er es darauf angelegt, habe ich seither oft an ihn denken müssen, an ihn, den Reisenden, Zeitreisenden mit der hohen Stirn und den traurigen Augen hinter großen Brillengläsern, den Mann mit dem Seehundsbart, der mir sofort Vertrauen einflößte, weil er mich an einen sächsischen Philosophen erinnerte, mit dessen Schriften ich aufgewachsen war. Die wundersame Begegnung im Flugzeug war der Lektüre seiner Bücher vorausgegangen, vielleicht wirkt sie gerade darum bis heute in mir nach.

Eines Tages – wieder einmal war ich in London, ein Festival in einem der neuen Kulturpaläste am Südufer der Themse hatte die Dichter der Welt zu einem Treffen eingeladen – sollte mich die Geschichte einholen. Es war etwa um diese Zeit, daß ich begann, mein Leben von außen zu betrachten, wie die Tagebuchschreiber es tun. Zum ersten Mal zeichnete es sich in seinen groben Umrißlinien bis zu diesem Tag ab. Ich, der Ostdeutsche, einer der Versprengten nach dem Mauerfall, lief damals in den Straßen der City wie Falschgeld umher. Das Falschgeld war der Euro, der erst seit wenigen Jahren als die neue Währung galt im Westteil des Kontinents.

An der Ecke von Piccadilly und Hyde Park Corner geriet ich in eine Menschenmenge, ein Denkmal wurde enthüllt – ein Ereignis, von dem ich im nächsten Moment wußte, daß es mit mir zu tun hatte. Den britischen Bomberpiloten des Zweiten Weltkrieges war, nach dem RAF-Denkmal am Themseufer und einer Statue für »Bomber Harris« am Strand, endlich auch ein eigenes Monument zugestanden worden (»The Bomber Command Memorial«), und zufälligerweise wurde es, gerade als ich dort vorbeispazierte, der Öffentlichkeit übergeben. Ich fühlte mich, nicht zum ersten Mal, draußen in der großen weiten Welt wie der kleine Dresdner Junge aus dem Erinnerungsbuch Erich Kästners. Es war einer dieser Augenzeugenmomente, die man als historisch Betroffener im Gedächtnis behält.

Ich erinnere mich, die Feierstunde war eben beendet, Ihre Majestät, Queen Elizabeth II., war bereits aufgebrochen, da bin ich, ein deutscher Spion, zu den RAF-Veteranen übergelaufen. Lauter Alte, viele von ihnen im Rollstuhl, ein zahlreicher Familienanhang kümmerte sich um die grauen Herren, sym-

pathische Menschen allesamt, gruppiert um ihre Helden, Soldaten des Bombenkriegs gegen die deutschen Städte. Ich sah die Großväter, lauter ordensgeschmückte Männer, und ich sah das Monument, frisch enthüllt, eine Gruppe brauner Bronzeriesen, wie aus dem Schlamm der Geschichte aufgetaucht in ihrer Montur. Sie waren in einer Art Schrein aufgestellt, an den Wänden Reliefs von Bombermodellen, eine siebenköpfige Besatzung in peinlich realistischer Machart, die Uniformen, mit Funkgerät und Lederkappen, stimmig bis ins letzte Detail. Das Werk hätte keiner ernsthaften Kunstkritik standgehalten, aber das schien die Versammelten nicht zu kümmern. Man mußte zugeben, die Gedenkkultur ging ihrer eigenen Wege, sie hielt sich nicht an die Avantgarderegeln der Kunst, ein kruder Realismus war ihr gerade gut genug. Die Anwesenden lächelten in die Kameras und waren an diesem strahlenden Junitag in einer beinah heiteren Stimmung, freundlich auch zu dem Unbekannten. Der hatte dort eigentlich nichts zu suchen, aber die Zeiten hatten sich geändert, hier war jeder willkommen – alles vergeben, wenn auch noch nicht ganz vergessen. Etwa ein Drittel der Piloten war bei den Bombereinsätzen umgekommen, insgesamt 55 000 Kämpfer der Royal Air Force. Warum sollten die Nachfahren ihnen nicht auf ihre Weise ein Denkmal setzen, eines, das sich um die Standards moderner Bildhauerkunst wenig scherte?

Erinnern kann ich mich noch an den Anflug auf London, den ich damals in einer seltenen Euphorie erlebte, Grund war das herrliche Sommerwetter. Die Verheißung begann schon an der Themsemündung ins Meer. Die Sicht war so außerordentlich gewesen, das Panorama der Hauptstadt am Horizont so gestochen scharf, daß ich unwillkürlich an die Piloten und Bordkanoniere der Royal Air Force in ihren Glaskanzeln der *Vickers Wellington-* und *Avro Lancaster*-Maschinen denken mußte. In aller Seelenruhe sah ich die große europäische Stadt wie ein Angriffsziel vor mir auftauchen. Träumerisch war ich den Windungen der Themse bis zu den Hochhaustürmen in der Ferne gefolgt, sah den *Millennium Dome*, einen weißen Stacheligel in Canary Wharf, und die Docklands und erkannte in dem majestätischen Flußverlauf, wie in einer Überblendung, die berühmte S-Linie der heimischen Elbe bei Dresden wieder. Aber nicht nur die Flüsse, auch unsere Städte, durch den Krieg verbunden, sind mir in solcher Raubvogelperspektive plötzlich in ihrer ganzen Schönheit und Wehrlosigkeit aufgegangen, und ich war, soviel weiß ich noch, auf eine mir unerklärliche Weise gerührt.

Da war er wieder, der Krieg der Luftbilder. Nicht zum ersten Mal dachte ich, daß der Zerstörung der Landschaften, der menschlichen Ballungszentren und der kriegswirtschaftlich wichtigen Industrien am Boden ihre Kartographierung aus der Luft vorausgegangen war, in eindrucksvollen Überblicksbildern mit Hilfe der Photographie. Erst die detailgenauen Luft-

Dresden, v. d. Zerstörung 1945, Blick v. Westen 10533

aufnahmen, die Erfassung gegnerischer Zivilisationsstätten in Planquadraten, hatten die Vorbereitungen der Bomberstrategen ermöglicht. Und es waren auch Postkarten gewesen, Abbilder für den Touristengebrauch, sogenannte *aerial views*, die dafür ironischerweise die Vorlage geliefert hatten. Nicht nur Weltkulturreiseziele wie Dresden wurden stolz abgelichtet, auch ganze Industriegebiete mit allen Einzelheiten ihrer Hochöfen, Raffinerien, Hafen- und Produktionsanlagen. So zeigt eine Luftaufnahme der Badisch-Pfälzischen Lufthansa AG die Neckarspitze, den Zusammenfluß von Rhein und Neckar bei Mannheim, in exzellenter Bildqualität. Der obligate Warnhinweis »Nachdruck verboten« betraf nur die Urheberrechte am Bild, nicht seine potentielle Auswertung von seiten der gegnerischen Luftaufklärung.

In großer Auflage gedruckt zu einer Zeit, da die Photographie zum neuen Medium präziser Darstellung wurde, standen solche Gesamtdarstellungen nun auch den künftigen Gegnern zur Verfügung, als Orientierungshilfe für die Luftaufklärer mit ihren neuen Großbildkameras.

Flugzeugaufnahme von Mannheim-Neckarspitze

Im totalen Krieg, der bald ausbrach, fanden die Luftwaffenplaner bestens dokumentierte Ziele vor. Auf den Lichttischen der Kommandozentralen lagen Photos der Erkundungsflieger, Einzelbilder in Hochauflösung, auf denen jeder Straßenzug, jede Siedlung deutlich auszumachen war – auch die jüdischen Ghettos im Osten des Kontinents und selbst die Baracken von Auschwitz, jenem Schreckensort, von dessen Funktion nur Ungefähres bekannt war, wobei der Bericht Jan Karskis, des Kundschafters der polnischen Untergrundarmee, Präsident Roosevelt bei einer Audienz persönlich vorgetragen, längst auch an der Funktion der Gaskammern und Krematorien keinen Zweifel mehr ließ. Zu den Unheimlichkeiten des Zweiten Weltkrieges gehört nicht zuletzt das Eindringen des Kameraauges in alle Bereiche und der Einsatz der Photographie als Waffe und daß jede Armee über die andere bildtechnisch genau informiert war, bevor die Einsätze begannen.

Die deutschen Städte, von oben gesehen, aus wehrloser Perspektive – das war lange vor *Google maps* eine unfreiwillige

Selbstauskunft, die sich der Gegner leicht zunutze machen konnte. Da gab es, im Falle Dresdens zum Beispiel, den Photographen Walter Hahn, das Studio Hahn mit eigenem Ansichtskartenverlag. Tausende der schönsten Postkartenmotive von Dresden und Umgebung gehen auf diesen einen umtriebigen Unternehmer zurück. Schon in den zwanziger Jahren hatte er sich auf das Geschäft mit Ansichten der berühmten Barockstadt verlegt, er war der Mann der Stunde in den Zeiten des aufkommenden Städtetourismus. Sein Erfolgsrezept: Nur bei gutem Wetter und schöner Wolkenbildung zu photographieren.

Mit Gebirgsmotiven hatte er seine Arbeit begonnen: Wolkenaufnahmen über den Felsen der Sächsischen Schweiz. Wie seine Vorgänger, die Maler der Romantik, war es die malerische Natur gewesen, die ihn begeistert hatte, aber dann auch die Stadt, die, von der Lage im Elbtal begünstigt, ein naturhaftes Gesamtbild ergab. Dresden erscheint bei ihm tatsächlich als jene Perle an der Elbe, der, nach einem Wort Adolf Hitlers, der Nationalsozialismus erst die wahre Fassung zu geben versprach. Bei Walter Hahn kann man sehen, wie die Stadt als Teil der Naturgeschichte dieser Region auftritt – so hatte er sie immer wieder erfolgreich inszeniert. 1934 wird der Mann, als typischer Unternehmer seiner Zeit, NSDAP-Mitglied; aber bereits kurz nach Kriegsende auch wieder entnazifiziert, erhält er neue Aufträge – einen wie ihn konnte man immer gebrauchen. Das Dritte Reich ging an ihm vorbei wie ein Schnupfen, von dem er sich bald erholte.

Sein unternehmerisches Kalkül war prächtig aufgegangen. In den zwölf Jahren der Naziherrschaft war er der einzige, der im Raum Sachsen Luftbilder aufnehmen durfte, mit einer Sondergenehmigung des Propagandaministeriums. Der Reklameflieger Ernst Fröde drehte mit ihm seine Runden auf

der Jagd nach den besten Motiven. Angeblich soll er auch mit Ernst Udet geflogen sein, einer der Fliegerlegenden des Ersten Weltkriegs, den Hermann Göring, Reichsluftfahrtminister und selber Weltkriegspilot, als Volkshelden hofierte. Udet war der Erfinder der *Jericho-Trompete*, einer entsetzlich heulenden Sirene, mit denen die Kampfflugzeuge vom Typ Junkers Ju 87, im Volksmund *Stukas* genannt, bei ihren steilen Sturzflügen Angst und Schrecken verbreiteten.

Zu den militärtechnischen Neuerungen gehörte, als der Luftkrieg Alltag geworden war, London im *Blitz* Tag- und Nachtangriffe und die unvorhersehbaren Einschläge der V1-Raketen erlebte, auch ein spezifischer Dresdener Beitrag: der sogenannte *Klotzsche-Tisch*. In einer Luftwaffenkaserne im Norden der Stadt hatten Nachrichtentruppen einen Leuchttisch entwickelt, der Signale von Radargeräten auf eine Tischplatte projizierte und den Offizieren am Boden eine präzise Übersicht zur Luftlage bot. Die Serienproduktion begann im Mai 1943. Erste Vorrichtungen dieser Art wurden im franzö-

sischen Caen aufgestellt und später an die Luftabwehrstellen in Paris und Rouen geliefert. Hatten die Luftkriegsstrategen da schon eine Ahnung davon, daß ihr Traum von der Beherrschung der Technik sich eines Tages in Luft auflösen würde?

Das Luftbild ist das Phantasma der falschen Hoheit. Es hat, wie die in den dreißiger Jahren inszenierten Feuerwehrschauen, der Ausbau der Luftschutzkeller und die ständigen Luftschutzübungen in der Logik des Krieges die Bomberstaffeln gleichsam erst auf den Plan gerufen. An einem Zivilisten wie Walter Hahn kann man studieren, wie die Bilder, die das Dritte Reich von sich produzierte, bis in den Untergang hinein ihre Wirkung taten. Der gewöhnliche Alltag, das urbane Leben in den Stadtvierteln und an den Straßenkreuzungen, kommt bei ihm nur am Rande vor. Die Menschen mit ihren täglichen Beschäftigungen und Nöten geraten nur zufällig ins Bild, sie sind eigentlich unerwünscht, Störfaktoren in einer erhabenen Vedutenästhetik, die nur die Sehenswürdigkeiten feiert, berühmte Architektur unter immerfort strahlenden Himmeln. Erst ganz

zum Schluß sieht man sie, verbrannt und verklumpt, zwischen den rauchenden Trümmern, zu Leichenbergen aufgetürmt. Das war der letzte Auftrag: Hahn dokumentiert die humanitäre Katastrophe, das Herbeikarren der Leichen und ihre Verbrennung auf Schienenrosten am Dresdner Altmarkt. Dabei kommt zwangsläufig auch Personal ins Bild, Vertreter des Technischen Hilfswerks im Noteinsatz, darunter, so wird gesagt, auch Spezialkräfte aus den Sonderkommandos der Vernichtungslager im Osten, Männer, die ihr Handwerk in Treblinka und Sobibor erlernt hatten.

Da hatte die Deutschen der Luftkrieg, von ihnen selber entfesselt – Guernica, Warschau, Coventry, Rotterdam – endgültig eingeholt. Die Leichen, die Ratten, die Fliegen, die parasitäre Fauna der Vernichtung, das ganze Gelände von Verwesung und Fäulnis – davon hatten die an Ordnung gewöhnten Deutschen, denen es erklärtermaßen doch um die vollständige Säuberung Europas von allem menschlichen »Ungeziefer« gegangen war, sich als Konsequenz des von ihnen angezettelten Krieges in ihren Gauen und wohlgeordneten Städten nichts träumen lassen. So wird in Erich Nossacks Bericht vom Untergang Hamburgs unter anderem auch die plötzliche Gier der Menschen nach Parfüm vermerkt.

Das totale Chaos, das sie schließlich überrollte, der Tod und die Trümmer, die Wüstenei ihrer zerbombten Städte, mit denen ihr Hochmut zugrunde ging, das war es, worüber sich nicht mehr sprechen ließ. In Alexander Kluges Bericht über den Untergang seines Geburtsortes Halberstadt heißt es von einem amerikanischen Psychologen, der im Mai 1945 für eine Studie des Historical Research Center, Maxwell Air Force Base, Alabama, Umfragen unter deutschen Überlebenden der Angriffe durchführte: »Es schien ihm, als ob die Bevölkerung, bei offensichtlich eingeborener Erzähllust, die psychische Kraft, sich zu erinnern, genau in den Umrissen der zerstörten Flächen der Stadt verloren hätte.«

Am Grund des Zugrundegehens also, an der Auslöschung aller Zivilisation, mußte eine Naturgeschichte der Zerstörung ansetzen, wenn Aufklärung in Zukunft gelingen sollte. Und auch der Geschichtsunterricht mußte genau da, nicht mit irgendwelchen Daten der Menschheitsgeschichte, beginnen. Erziehung durch Einsicht in die Ursachen der Katastrophen, die unser Leben prägen, lange bevor wir geboren wurden, war das einzige konstruktive Rezept.

Es galt, die Erzählung der Deutschen von sich selbst und ihrer scheinbar so zwangsläufigen Unheilsgeschichte zu ändern, den kollektiven Fatalismus zu brechen, indem man ihnen Alternativen vor Augen führte, um sie zu heilen von ihren dummen Überlegenheitsphantasien, der Arroganz des Eigenen, wie Kluge es vorgeschlagen hat mit seiner »Strategie von unten«. In der Episode von der Volksschullehrerin Gerda Baethe deutet sich einmal, in einem beiläufigen Exkurs, die Lösung an. Im historischen Konjunktiv heißt es da, um den Untergang zu verhindern, »hätten seit 1918 siebzigtausend entschlossene Lehrer, alle wie sie, in jedem der am Krieg beteiligten Länder, je zwanzig Jahre, hart unterrichten müssen; aber auch überregional: Druck auf Presse, Regierung; dann hätte der so gebildete Nachwuchs Zepter und Zügel ergreifen können... Das alles ist eine Frage der Organisation«.

Derselbe Gedanke, die Idee einer positiven Intervention in den Gang der Geschichte, begegnet uns auch an anderer Stelle: in den geheimen Tagebüchern der Stuttgarter Demokratin und Pazifistin Anna Haag. Sie war der seltene Fall einer Feministin im Dritten Reich, eine der radikalsten Beobachterinnen des Nazi-Verbrecherstaats. In der Chronik der späteren Bildungsreformerin findet sich, Eintrag vom 6. November 1941, als sich die Kriegswende von Stalingrad bereits abzeichnete und die Nachricht vom Massenmord an den Juden und den sowjetischen Kriegsgefangenen auch viele der deutschen Haushalte erreicht hatte, ein ganz ähnlicher Ansatz: »Ich will gewiß, gewiß das Meine tun! Was für Berge von Arbeit! Aber alles muß von Grund aus geändert werden: die Erzählung, in Haus und Schule und Hochschule vor allem.«

Das Tagebuch der Anna Haag, bis heute in Deutschland nur in Ausschnitten zugänglich und nicht zufällig von einem britischen Forscher, dem Kulturhistoriker Edward Timms, erstmals erschlossen, ist eine Fundgrube ersten Ranges. Es ist eines der wenigen Beispiele einer politischen Aufarbeitung des Alltagslebens der Deutschen in finsterer Zeit. Die Zeugin leidet unter der raffinierten Lügenpropaganda der Nazis. Ihre Stichworte sind immer wieder: Barbarei und Verlogenheit, der Unterdrückungsapparat von Gestapo und SS, das falsche Gemeinschaftsgefühl und der dumpfe Glaube der von den Führerreden Vergifteten. Sie durchschaut das perfide Propagandasystem der Erpressung, die Erziehung zum Haß, die Fernsteuerung aller, eine Politik der geschürten Ängste, die dazu führte, daß jeder jedem mißtraute und Nachbarn einander eiskalt denunzierten – aber hinterher wollte es keiner gewesen sein, wollte keiner etwas gewußt haben von den großen Verbrechen und den vielen kleinen, eigenen. Am 14. November 1938 vermerkt sie: »Es wird beraten über die endgültige Lösung der Judenfrage. [...] Was wird das geben?« Und als sie den Brief eines Frontsoldaten aus ihrem Bekanntenkreis erhält (22. Mai 1943): »Wie kann ein junger Mann aus einer kultivierten christlichen Familie an einen Führer glauben, der befiehlt, Juden, Polen, Russen abzuschlachten?« Wo sonst finden sich in privaten Aufzeichnungen aus dieser Zeit Sätze wie diese, an denen sich ablesen läßt, was als Information damals längst kursierte? Den ganzen Zirkus ihrer Mitmenschen beschreibt sie, zeichnet die Charakterportraits jener Volksgenossen, die später von den siegreichen Alliierten sortiert werden in Kategorien wie: Hauptbeschuldigte, Belastete, Minderbelastete, Mitläufer und Entlastete.

In ihren Heften, die sie, Ehefrau eines Lehrers, als Schulhefte tarnt und im Kohlenkeller versteckt hält, protokolliert sie, durchaus unter Lebensgefahr, was ihr täglich widerfährt, in Anekdoten und vielfach in wörtlicher Rede. Die Lage ist ausweglos und die Bevölkerung fest im Griff der Naziadministration. Was kann persönlicher Widerstand ausrichten in einem solchen totalen Staat? Gipfel der Ohnmacht ist ihre Frage, ein feministischer Witz: »KANN MAN HITLER MIT DEM KOCHLÖFFEL TOTSCHLAGEN?« (14. Mai 1942)

In dem grotesken Bild vom Kochlöffel, gegen einen allmächtigen Diktator geschwungen, liegt die ganze Verzweiflung der Frau in einer von Männerbünden dominierten, militaristischen,

auf Revanche und Eroberung fixierten Gesellschaft besiegelt. Kein Wunder, daß es Frauen sind, die gedanklich als erste den aggressiven Nationalismus als Wurzel der Übel erkennen, die Erziehung der Kinder zum Kampf, das Verhängnis der Wehrpflicht, die Geburtenpolitik, die ganze, bewußt auf kollektive Mittäterschaft angelegte Doktrin dieses Staates. Es ist die Frau, die den Patriotismus von Herzen verabscheut, weil das Soldatische ihr als die größte Gefahr für ein gedeihliches Familienleben erscheint. »Nein, ich möchte nicht mehr *deutsch* sein!« schreibt sie. »Liebe Engländer! Ich bitte Euch inständig um eine heilsame Züchtigung unseres Volkes, damit uns endlich diese niederträchtige Überheblichkeit ausgetrieben wird und wir das Wort *Bescheidenheit* mal wieder kennenlernen! Es muß uns so schlecht gehen, daß wir nach Gott schreien!«

Früh hat sie den Luftkrieg kommen sehen, lange bevor er dann auch die deutschen Städte ereilt. Der Bombenkrieg gegen Warschau, Rotterdam und gegen die englischen Städte trifft die geborene Europäerin ins Herz – in Großbritannien lebt, verheiratet mit einem Engländer, ihre Tochter Sigrid.

Täglich hört sie mit ihrem Mann Albert, einem Mathematiklehrer, in dem abgelegenen Haus am Waldrand in einem Vorort Stuttgarts die BBC-Nachrichten ab (Rundfunkverbrechen hieß das Delikt, Wehrkraftzersetzung, worauf bei Entdeckung Zuchthaus und selbst die Todesstrafe standen). Charles Richardson und Richard Crossman, vertraute Rundfunkstimmen, informieren sie über den Feindsender von der Kriegslage. Sie zitiert Churchill und Anthony Eden, erfährt von der Judenabschlachtung im Osten, die sie sofort als deutsche Kulturschande begreift, einen Makel von biblischem Ausmaß. Sie vermerkt das Hin- und Herwogen der Meinungen unter den desorientierten Volksgenossen ihrer Umgebung (der Apotheker, die Lehrerin, der Bauer), schneidet Zeitungsartikel aus und klebt sie, ganz Amateurhistorikerin, in ihr Tagebuch ein. Von Anfang an widmet sie sich der Frage, die bis heute die Geschichtsschreiber beschäftigt: Was haben die Deutschen wissen können? War ihnen bewußt, was da in deutschem Namen geschah?

Zur selben Zeit notiert eine Frau auf der anderen Seite des Ärmelkanals im August 1940 ihre »Gedanken über den Frieden bei einem Luftangriff« anläßlich eines Symposiums über aktuelle Frauenfragen. In ihrem Cottage in Rodmell an der Südküste Englands krümmt sich Virginia Woolf nachts unter dem Dröhnen der von Belgien her über East Sussex Richtung London fliegenden deutschen Bomber und vermerkt: »Der Engländerin werden keine Waffen gegeben, um den Feind zu bekämpfen oder sich zu verteidigen. Sie muß heute Nacht waffenlos daliegen.« Auch sie erfährt in diesen Stunden die Ohnmacht der Frau und sagt sich: »Wären wir frei, würden wir

Coventry Cathedral, 1940

draußen sein, tanzen, ins Theater gehen oder am Fenster sitzen und uns unterhalten. Was hindert uns daran? ›Hitler!‹ brüllen die Lautsprecher einstimmig. Wer ist Hitler? Was ist er? Aggressivität, Tyrannei, die manifest gewordene krankhafte Machtgier, antworten sie. Zerstört das, und ihr werdet frei sein.« Aber: »Frauen haben in der Politik kein Wort mitzureden.« Keine vier Wochen später wird ihr Haus am Mecklenburgh Square, Sitz der von ihr betriebenen Hogarth Press, durch einen Volltreffer schwer beschädigt. Allein in diesem Jahr kommen mehr als tausend britische Zivilisten ums Leben.

»Großangriff gegen England beginnt. 2000 Flugzeuge morgens unterwegs«, vermerkt Goebbels, der regierungsamtliche Tagebuchschreiber, frohgemut am 14. August und fälscht, ganz der Meister der *fake news*, sofort die Zahlen: »Nachmittags um 17 Uhr nochmals Großattacke auf Südengland mit 4000 Maschinen.« Was die Deutschen nie wissen wollten: Bei den Luftangriffen wurden in Großbritannien über 40 000 Menschen

Blitz, London, 1940

getötet, 1944 waren 100 000 Londoner Häuser zerstört, weitere 800 000 beschädigt – das alles ging dem mit äußerster Härte geführten Bombenkrieg gegen deutsche Städte voraus. Die »Luftschlacht um England« begann mit gezielten Angriffen auf London, Birmingham, Coventry. In einer Mondnacht im November 1940 wurde das gesamte Stadtzentrum von Coventry mit 500 Tonnen Sprengbomben und 30 000 Brandbomben dem Erdboden gleichgemacht. »London is burning« – meldete am 8. September 1940 die BBC, als die Royal Air Force sich den die Themse hinaufliegenden deutschen Bomberformationen entgegenwarf.

Von dem, was daraus folgte, vom kläglichen Ende der Angreifer her, muß die Frage beantwortet werden: Was läßt sich aus der Geschichte lernen? Die Deutschen hatten den Krieg angefangen, sagt Anna Haag, und ihr bleibt nur die bittere Feststellung: »So sinkt eine schöne, liebenswerte Stadt nach der anderen in Schutt und Asche!«

AUSSTELLUNG »DAS SOWJET-PARADIES«
BERLIN, LUSTGARTEN, 9. MAI BIS 21. JUNI 1942

Furcht vor Fremdbestimmung (heute würde man sagen, vor der Globalisierung), der Schock der Weltwirtschaftskrise, als deren Agenten man die Juden verteufelte, die angeblich mit dem Geld der Völker jonglieren, Furcht vor der »Herrschaft des Untermenschen« und dem Ungeziefer, das alles unterminierte – das war es, was viele der Deutschen aufstachelte und schließlich in eine phobische Raserei versetzte. Bei allem Unbehagen gegen die Maßnahmen des Regimes: Soldaten der Wehrmacht beklagen sich im Vorrücken über die hygienischen Zustände in Osteuropa, sie ekeln sich vor den Ghettos, in die deutsche Verwalter die Juden doch erst zusammentrieben. Furcht vor Paralyse und »Zersetzung des Volkskörpers« lag auch den Maßnahmen gegen die geistig Kranken und Behinderten zugrunde, getötet im Interesse der Volksgesundheit.

Furcht vor der Moderne im allgemeinen und in der Lebenswelt, in Mode, Sexualität, Kunst, Unverständnis angesichts der Formauflösung in den zeitgenössischen Avantgardebewe-

AUSSTELLUNG »DAS SOWJET-PARADIES«
BERLIN, LUSTGARTEN, 9. MAI BIS 21. JUNI 1942

gungen waren auch der Hintergrund, vor dem die Wanderausstellung »Entartete Kunst« ihre populäre Wirkung entfaltete, bei denkbar größtem Publikumszustrom. Reinigung des Kunsttempels von allen modernistischen Bestrebungen mit ihrem Tanz um die »Negerplastik« (Carl Einstein), Kampf gegen den expressionistischen Fratzenspuk und das Judentum in der Kunst waren das erklärte Ziel. Aber auch eine Propagandaschau wie »Das Sowjet-Paradies« (im Berliner Lustgarten, Mai bis Juni 1942) – inszeniert als perfides Tremolo vor dem Überfall auf die Sowjetunion, der den Hitler-Stalin-Pakt kurzerhand annullierte – konnte zuverlässig auf die Furcht der Deutschen vor jeder Unordnung bauen, mit Dioramen, die klischeehaft das Elend im Bolschewistenstaat darstellten und bei den Volksgenossen die erwünschten Antireaktionen hervorriefen.

Noch dem Selbstmord im Bunker der Reichskanzlei lag vor allem Hitlers Sorge zugrunde, von den siegreichen Russen als

Trophäe in einem Rattenkäfig durch Moskau gezogen zu werden, so geht die Legende. Der Reinlichkeitsfanatiker fürchtete, buchstäblich in den Dreck gezogen zu werden. Aber der »Mongolensturm«, die asiatischen Zustände, die Deutschland nach der Niederlage erwarten würden – wo sonst als in den Vernichtungslagern mit ihren Massen ausgemergelter Opfer, den unhaltbaren hygienischen Zuständen hinter den Stacheldrahtzäunen hatten sie sich tatsächlich gezeigt? Unvorstellbar für die reinlichen Deutschen war es, was dort geschah. Als nach dem Krieg erste Bilder auftauchten von den Haufen nackter Gliederpuppen, die Bulldozer in Gruben schoben, war der Ekel vor diesem Anblick die sicherste Basis der Verdrängung. Das soll in unserem Namen geschehen sein? Das kann nicht sein.

Tatsache und Meinung – Hannah Arendts Bericht von der Realitätsflucht der Deutschen und ihrem Problem mit der Wahrheit war der Ausgangspunkt. Wenn ein Volk so viel Unsägliches bewirkt und dann selbst erlebt hat – kann es nicht sein, daß sich darüber seine Muttersprache verschließt, das Bewußtsein dichtmacht? Das heißt, es lebt weiter, plappert sich durch die Tage über das Ungeheure des Geschehenen hinweg, ist aber unfähig, sich auszudrücken, einen klaren Gedanken zu fassen, die historische Konsistenz der eigenen Erzählung zu behaupten. So lange hatte die Sprachlosigkeit sich in ihnen ausgewirkt, hatte alle Lebensbereiche durchdrungen, daß sie, als der Alptraum vorbei war, nicht einmal die einfachsten Worte mehr fanden, die den Sinn des Zusammenlebens verbürgen. Der Nationalsozialismus hatte sie luzifergleich in den Abgrund gerissen, und nun mußten sie, Analphabeten, die Gefühle, das Denken, die Zivilisation einer freien Welt wie Kinder erst neu erlernen.

Der Krieg, den sie als Wähler und Mitläufer angezettelt hatten, Hitlers Angriffskrieg, schien am Ende doch nicht ihr Krieg gewesen zu sein. Sie hatten ihn, zur Wehrpflicht verdammt, mit unklaren Erwartungen über die Nachbarvölker gebracht. Bis ans Nordkap, an die Wolga und nach Afrika hatten sie ihn getragen. Aber als er zu ihnen zurückkehrte und ihre Heimatstädte verwüstete, sind sie vor Schreck verstummt. Der Abstumpfung, der Überwältigung durch die Ereignisse, die sie ausgelöst, in deren Mitte sie wie in einen Wirbelsturm geraten waren, den sie selbst erzeugt hatten, sind sie zuletzt erlegen. In diesem Schweigen, in einem Klima der Blindheit für die eigene Mitschuld und nationale Misere bin auch ich aufgewachsen. Und es nützt nichts, wenn ich mir sage, daß sich der andere deutsche Staat, die DDR, als das antifaschistische Bollwerk verstand. Ich weiß vom *deal* der beiden schnaubenden Drachen (Faschismus und Kommunismus), weiß von den Versuchen, die Welt der westlichen Demokratien unter sich zu begraben. Der Hitler-Stalin-Pakt von 1939 wird mir für immer als Warnung im Gedächtnis brennen.

Immer, wenn jemand von häßlichen Jahren der deutschen Verirrung schreibt, von Krieg und kollektiver Verblendung, lese ich es mit einer gewissen Anspannung und bin unmittelbar wieder geködert. Es zeigt mir, daß etwas in mir im Modus einer historischen Psychoanalyse mit diesen Ereignissen verbunden ist, eine tiefere Schicht in mir reagiert noch immer empfindlich. All das mag längst Geschichte sein, aber es ist nicht wirklich vergangen. Mit tausend Stacheln hat es noch in mein Leben hineingeragt. Es war mir, als würde die »deutsche Hysterie« im Traum immer noch weiterbrabbeln und mir ins Gewissen reden. So war erst der Fall der Mauer für mich das erlösende Ende. Es war das Erlebnis eines totalen Hierarchiezerfalls: Ein Staat hatte sich aufgelöst, die Diktatur der Arbeiter-und-Bauern-Führer. Erst mit dieser letzten Korrektur starb der deutsche Untertan – der realsozialistische Kleinbürger, Renegat der großen Weltrevolution. Erst damit war Preußen wirklich zu Ende, das reaktive Preußen des sozialistischen Ostens. War das Deutsche Reich von Bismarck bis Hitler ein expandierendes Deutschland unter preußischer Hegemonie gewesen, so war das geteilte Deutschland bis 1989 ein zweistaatliches Provisorium zum Abbau historischer Altlasten und zur Umerziehung seiner Bevölkerungen: eine marktliberale Demokratie mit Westbindung hier, die dem Vorbild Amerikas folgte, ein militärisch gestützter, stacheldrahtbewehrter Sozialstaat nach falsch verstandenem marxistischen Rezept da, der sich an den großen Bruder Sowjetunion anlehnte, bis dieser ihn schließlich fallenließ.

1962 geboren, trennten mich nur siebzehn Jahre von der großen Zäsur – 1945: dem Jahr, das eine Mentalität, die mir bis heute verdächtig vorkommt, zur Stunde Null erklären wollte. Siebzehn Jahre, was ist das schon im historischen Maßstab? Ein Jugendalter, würde man sagen – oder eine ganze Generation. Aber eben nicht nur im Sinne der simplen Eltern-Kind-Abfolge, sondern als Position im Kontinuum der Geschichte, wenn auch nicht desselben Erfahrungshorizontes. Daß der Krieg generationsbildend war, stimmt. Daß seine Nachwirkungen mich, vom Kindergarten an, geprägt haben, versuche ich zu bezweifeln – aber es gelingt mir immer weniger. Gehörten Männer wie Günter Grass oder Dieter Wellershoff zur Generation der Mitkämpfer und jungen Soldaten, die Flakhelfer des Jahrgangs 29 ff. zur sogenannten »skeptischen Generation« mit ihrem wendigen, wachen Verstand (Enzensberger, Kluge, Habermas, Heiner Müller) und die »weißen Jahrgänge« der in den dreißiger und frühen vierziger Jahren des zwanzigsten Jahrhunderts

Geborenen zur Generation Nachkrieg (wie mein Vater oder der Deutschlandflüchtling W. G. Sebald): Wohin gehörte dann ich, der in den sechziger Jahren auf einer weithin geräumten Bildfläche erschien, im ersten Jahr nach dem Mauerbau, der mein Schicksal bestimmte, bis ich, nach weiteren siebenundzwanzig Jahren, die mir wie eine Ewigkeit erschienen, endlich in die große weite Welt aufbrechen konnte – die Welt von heute, die mir noch immer die liebste ist?

4 Für die sterbenden Kälber

Das Tausendjährige Reich ging nach zwölf Jahren blutig zu Ende. Die »verspätete Nation«, die bei der Aufteilung der Welt in überseeische Kolonien zu kurz gekommen war und sich deshalb nach innen kolonisierte mit der Austreibung der Juden (die These von Heiner Müller), war zum Schrecken der Welt geworden, eine Schimpf-und-Schande-Nation. Ihr Traum von der Raumerweiterung Richtung Osten, mit Wehrdörfern und Bauernsiedlungen bis hinter den Ural und Protektoraten überall, ihre böse Utopie von der Weltherrschaft, die ihrem »Führer« Adolf Hitler vorgeschwebt hatte, war ausgeträumt. So schnell, daß alle sich nur die Augen reiben konnten. Hatten diese Deutschen denn den Verstand verloren?

Nach dem Krieg begannen die Hyperaktiven, zur Weltherrschaft Angetretenen mit ihrem Rückzug nach innen. Nun sollte das *Volk ohne Raum* sich auf das letzte heile Stück Heimat besinnen. »Der Feldweg« war es, den Martin Heidegger, der Philosoph der Stunde, in seiner kleinen, vielgelesenen Schrift als Vademecum beschwor (1953). Martin Heidegger, ein Vorkämpfer der Ökologiebewegung, heimlicher Held der Grünen? Etwas Unverlierbares mußte her, etwas naturhaft Heimisches, Langbewährtes, Unverdorbenes, das die Niederlage als Verzicht erträglich machte. Denn, so der Philosoph: »Der Verzicht nimmt nicht. Der Verzicht gibt. Er gibt die unerschöpfliche Kraft des Einfachen. Der Zuspruch macht heimisch in einer langen Herkunft.« Das war das neue Programm, ein ökologisches Manifest *avant la lettre*, in seiner Mischung aus Romantik und durchaus mit der Zeit mitgehender Sachlichkeit etwas, das nur ein Deutscher so formulieren konnte.

Da war die Lerche am Sommermorgen, die Eiche am Wegrand und die Bank, roh gezimmert, auf der »lag bisweilen die eine oder die andere Schrift der großen Denker, die eine junge Unbeholfenheit zu entziffern versuchte«. Und da war bereits die Vision einer Welt, in der die Zivilisationsmüden sich aus der Katastrophe der Modernisierung zurückziehen würden. Nur sie, diese Wenigen, Bleibenden, »vermögen einst aus der sanften Gewalt des Feldweges die Riesenkräfte der Atomenergie zu überdauern, die sich das menschliche Rechnen erkünstelt und zur Fessel des eigenen Tuns gemacht hat«.

Den *Jargon der Eigentlichkeit* hatte ein anderer Denker das genannt, ein ungebetener Deutscher, Theodor W. Adorno, in seiner Ideologiekritik am Beispiel der sprachlichen Entgleisungen, die das moderne Leben verfehlten, eine Abrechnung mit Heideggers Philosophiestil. Sie war vielleicht nicht das letzte Wort in dieser Sache, aber in ihrer Polemik doch angebracht. Die Vertreter der *Frankfurter Schule* haben Heidegger zu den Akten gelegt, als Problem einer sprachlichen Entgleisung, Prosa der Antimoderne. Die Gedankenlandschaft im Hintergrund war aber nicht zu verdrängen, der zukunftsträchtige Ökosound seines Philosophierens nicht einfach abzustellen, wie man das Radio ausdreht. So blieb er über alle Parteiprogramme hinweg erhalten, bis er mich eines Tages ansprang und in manche Verwirrung stürzte.

Zeitgeist oder nicht: die Querele las sich wie ein Kommentar zur Wirtschaftswunderzeit, Zeit des Autobahnausbaus und der boomenden Automobilindustrie mit ihren Volkswagen,

Mercedes und BMW, *made in Western Germany*. Wer stand auf wessen Seite? Wen erreichten der Einwand der eben erwachsen gewordenen Soziologie und Adornos Sprachkritik gegen die Urwortlogik des Ontologen Heidegger, der sich als Lehrer verdächtig gemacht hatte, weil er den »Führer« willkommen hieß in seiner Freiburger Rektoratsrede, im Glauben an den platonischen Diskurs der Tyrannenerziehung?

Die fixe Idee von der Dichte besiedelter Räume, die es zu überwinden galt, war den Herrenmenschen, die über die Völker herrschen wollten, den Nachfahren der Dichter und Denker, ein für allemal ausgetrieben. Ihr Territorium, das sich auf einer Europakarte von 1939, nach dem Zugewinn des Saarlandes, der Übernahme des Sudetengebietes und dem Anschluß Österreichs, bis nach Ostpreußen an die Grenze zu Litauen erstreckte, war mit der Niederlage im Weltkrieg geschrumpft auf den potenten Kern, den die Siegermächte unter sich aufgeteilt hatten.

Ein Hefeteig, der nicht mehr aufgehen konnte, der fortan sich mit dem bescheiden mußte, was als verbrannter Kuchen übriggeblieben war. Ein Gebiet zwischen der Nordsee im Westen und der Oder im Osten: so wenig Raum für ein so großes Volk. Achtzig Millionen Menschen, die ihre Lektion schlucken müßten. Mehrere Generationen, die in der Schule, im Geographieunterricht nun lernten, daß es damit genug sein mußte, ein für allemal. Kein Expansionsdrang mehr, der völkerrechtlich vertretbar wäre, jegliche territoriale Ausfallbewegung beendet.

Hitlers letzte Finte, sein Versuch, sich als Schutzherr gegen die Überschwemmung durch den Bolschewismus aufzuspielen – keine Sekunde lang war sie glaubwürdig gewesen. Der Kern seiner letzten Durchhaltereden: »Mein Kampf« sei in Wirklichkeit nur der Ausdruck einer »endgültigen Auseinandersetzung über die Neuordnung Europas«. Den Überlebenden seines Abenteuers blieb nur der Weg zurück in die Enge, der Weg nach innen, Fleiß und Bescheidenheit. Darin kannten die Deutschen sich aus: Phantasten, geborene Träumer, denen im Beschweigen der nationalen Schuldverstrickung nur die Anbetung der Stille blieb. Die Stille nach dem letzten Glockenschlag. »Sie reicht bis zu jenen, die durch zwei Weltkriege geopfert sind.« (Heidegger) Das aber hieß nur: die Stille des eigenen Totengedenkens, das die Millionen Toten der anderen schweigend zu übergehen versuchte.

Eine neue Nation fand sich so wieder, eine geteilte, von den Siegermächten aus der Taufe gehoben – Marshallplan hier, Westbindung, dort die Integration in den osteuropäischen Block unter Führung der Sowjetunion. Vierzig Jahre verordneter Teilung – aber nach dieser Karenzzeit des Kalten Krieges zwischen den Alliierten der Anti-Hitler-Koalition, in einem Europa der aufgelösten Blöcke, fanden die Deutschen sich in einer neuen Welt wieder und mußten nun zusehen, wie sie unter den Bedingungen einer verschärften Globalisierung klarkommen mit ihrer prekären Lage in der Mitte des Kontinents.

So könnte ein Sprecher vor der UN-Vollversammlung in New York seine Rede beginnen, ein in Selbstbescheidung geübter Deutscher. Der bin vielleicht ich. Aber wer bin ich denn? Auch nur ein Betrachter am Rande, einer von vielen, die hin und wieder eingeladen werden, um öffentlich Auskunft zu geben über den Zustand ihres Herkunftslandes, so wie heute und hier in *Oxford* (der alten Stadt an der Ochsenfurt am Zusammenfluß von Cherwell und Themse), der friedlichen Universitätsstadt, die vom Bombenkrieg verschont blieb und in der das Völkermorden da draußen seit langem nurmehr als reiner Irrsinn erscheinen muß.

Was ich damit sagen will? Nur soviel: Daß auch in mein kleines Leben die Geschichte, großgeschrieben, eines Tages Einzug hielt. Ich war noch ein Schulkind, damals am Stadtrand Dresdens, als mir zum ersten Mal dämmerte, in was ich da hineingeraten war, ganz ohne mein Zutun. Vor meinem Elternhaus, vor der geschlossenen Buchsbaumhecke begann ein Imperium, das sich ostwärts bis zum Pazifik erstreckte, nach Wladiwostok hin und bis in die innere Mongolei. In den Worten Hölderlins: »Wie Bäche reißt das Ende von Etwas mich dahin, welches sich wie Asien ausdehnet.« (*Phaeton*-Fragmente) Friedrich Hölderlin: noch so ein Außenseiter, ein Poet und verkannter Künstler, den die Obrigkeit nicht ertragen konnte und der erst der Nation (später den Nationalsozialisten) wie gerufen kam als Zitatenquell, weil er den Fluß der Dichtung in deutscher Sprache verändert hatte.

Zwei Szenen aus meiner Kindheit sind es, die mir deutlich vor Augen stehen. In der ersten – es ist ein Wintermorgen in den späten siebziger Jahren – ziehe ich das Gartentor hinter mir zu und schultere meinen Ranzen. Ich bin auf dem Weg zur Schule, als ein russischer Militärkonvoi, mehrere Truppentransporter vom Typ Ural-375, an mir vorüberrauscht auf der Karl-Liebknecht-Straße, und mein Blick bleibt an den riesigen, ungeschlachten Rädern der Fahrzeuge hängen, an den Filzmänteln und Stahlhelmen der Soldaten, und staunend halte ich inne und vergesse die Zeit.

Was wußte ich damals von Isaak Babel (*Budjonnys Reiterarmee*), von Michail Scholochow (*Der stille Don*), der später Schulstoff sein würde, oder von Wassili Grossman (*Leben und Schicksal*), ein Buch, das ich erst Jahrzehnte später zu lesen bekam – da war die Sowjetunion längst aufgelöst? Das Bild aber hatte sich mir eingeprägt, und so begann ich, die deutsche Geschichte aus der Sicht der Russen zu begreifen, die sich in meinem Heimatort tummelten, direkt vor der Haustür. Am Anfang waren Patronenhülsen, die wir Jungs in den umliegenden Wäldchen fanden, militärische Abzeichen, die wir am Kasernentor, keine zweihundert Meter vom Elternhaus entfernt, den Soldaten abhandelten im Tausch gegen Nacktphotos (aus dem einzigen DDR-Magazin, das solche Bilder druckte). Viel später erst las ich bei Joseph Brodsky, dem klugen sowjetischen Überläufer, dem ersten Dichter der Ost-West-Passage, dessen Verse mir sofort einleuchteten: »Am Anfang war Corned Beef in Dosen. Genauer gesagt, am Anfang war ein Krieg, der Zweite Weltkrieg, die Belagerung meiner Heimatstadt Leningrad, die große Hungersnot, die mehr Opfer forderte als alle Bomben, Granaten und Geschosse zusammen. Und gegen Ende der Belagerung gab es Corned Beef in Dosen aus Amerika.«

Die zweite Szene ist etwas verwickelter. Wir befinden uns mitten im Geschichtsunterricht der 8. Klasse, und die Lehrerin, eine stramme Parteigenossin, erteilt mir den Auftrag, einen Vortrag auszuarbeiten, Thema: Die Nürnberger Prozesse. Ich machte mich also auf in die Sächsische Landesbibliothek, die damals im größten Kasernenkomplex der Stadt untergebracht war, inmitten von Truppenunterkünften und Waffendepots der Sowjetarmee und der NVA. Das Nebeneinander von Gelehrsamkeit und militärischem Alltag der »Bruderarmeen«, wie ich ihn auf dem Weg in die Lesesaalstille erlebte, hat mich damals ins Grübeln gebracht. Ich besorgte mir meinen ersten Bibliotheksausweis und richtete mich zwischen den Büchern ein, als Dauergast, was mir bald den Respekt der Mitarbeiter verschaffte und später dazu führte, daß man mir Einblick in den Nachlaß von Victor Klemperer gewährte. Außerhalb Dresdens kannte den Verfasser eines der wichtigsten Tagebücher aus dem Dritten Reich kaum ein Mensch, man kannte nur den Verfasser der *LTI*. Sein privates Werk wurde der Öffentlichkeit erst nach dem Mauerfall bekannt und dann, über den Umweg der amerikanischen Ausgabe, auch weltweit wahrgenommen als das, was es ist: eine der raren Chroniken des Lebensalltags in einer Großstadt (Dresden) während der Nazizeit, aus der Sicht eines entlassenen Akademikers, der Jude war, eines Gejagten, der die fortschreitende Entrechtung am eigenen Leib erfuhr bis zu dem Punkt, da ihm selbst die Deportation drohte und der mit dem Untergang seiner Stadt zusammenfiel, Dresdens Ende im Feuersturm, der ihm das Leben rettete.

Mein Ertrag beim Faktensammeln in der Literatur zum Nürnberger Prozeß hielt sich dagegen in Grenzen. Immerhin, es öffneten sich mir die Giftschränke zu den Westpublikationen. In aller Ruhe konnte ich Eugen Kogon (*Der SS-Staat*), Telford Taylor, Joe Heydecker und die zwölfbändige Schriftenreihe des Internationalen Militärgerichtshofes zu den Nürnberger Prozessen studieren, alle bis dato verfügbaren Monographien zu den Verbrechen in den KZs, den Ghettos im Osten und den Verbrechen hinter den Fronten. Leider noch nicht Raul

Hilbergs Schlüsselwerk *The Destruction of the European Jews*, das in Amerika bereits 1961 erschien, auf deutsch bezeichnenderweise aber erst zwanzig Jahre später. Auch Claude Lanzmanns Dokumentarfilmserie *Shoah* lag noch weit hinter allen Horizonten der »Aufarbeitung«. Das hebräische Eigenwort für den hohlen Diskursbegriff *Holocaust* lernte ich erst durch ihn kennen.

Das Ergebnis war also höchst dürftig, gemessen an der heutigen Masse an Fachliteratur, es trug aber, da mich das Fieber der Quellensuche gepackt hatte, bereits bedenklich manische Züge.

Denn bei dem einen Vortrag blieb es nicht. Er uferte aus, und dann wurden drei ganze Unterrichtsstunden daraus – zur großen Zufriedenheit der Lehrerin, die meine Seele für den Antifaschismus schon gerettet sah. Zum Schluß war ich ziemlich im Bilde über die Rüstungsindustrie und die Mordjustiz im Dritten Reich, über Hitlers Euthanasieprogramm und die Einsatzgruppen, das System der Zwangsarbeit, der Vernichtungslager und die medizinischen Experimente an Häftlingen (der Fall Josef Mengele).

Ich kann mir gut vorstellen, wie befremdlich der Vortrag eines Fünfzehnjährigen gewesen sein muß, der über Rassenpolitik, Judenhetze, SS-Massaker, Gaskammern und die Rolle deutscher Unternehmen in diesem Vernichtungsgeschäft dozierte. Daß die *I. G. Farben* das Zyklon B lieferte, die Firma *Topf & Söhne*, Erfurt, die Krematorien einrichtete und die *Allianz Versicherungs AG* die Baracken von Auschwitz versicherte, weiß ich seither mit Gewißheit.

Und noch heute könnte ich, aus dem Schlaf geweckt, die neuen Kategorien der Strafbarkeit hersagen, die beim Prozeß, gegen alle Routine der bisherigen Rechtsprechung, erstmals aufgestellt wurden:

Verbrechen gegen die Menschlichkeit,
Kriegsverbrechen und am erstaunlichsten:
Verbrechen gegen den Frieden.

Bis heute gültig, wenn auch schon mehrmals wieder mißachtet, ist die Nürnberger Ächtung jeglichen Angriffskrieges. Und wie nebenbei hörte ich damals zum ersten Mal auch von der *Erklärung der Menschenrechte*. Das war aber nur einer der Punkte, den die strenge Lehrerin unkommentiert durchgehen ließ. Dabei berührte er ein Tabu im Selbstverständnis des anderen deutschen Staates. Denn auf die allgemeinen Menschenrechte sich zu berufen war die Ultima ratio der Opposition. Der Streit, ob die DDR ein Unrechtsstaat war, scheidet noch heute die Geister. Die Nürnberger Prozesse, erklärte ich meinen Mitschülern, waren kein Fall von Siegerjustiz, und auch das blieb unwidersprochen. Oder war es in der Materialfülle einfach untergegangen? Unbehelligt konnte ich, im Schwung meines erwachenden Rechtsgefühls, den amerikanischen Chefankläger, Richter Robert H. Jackson, zitieren: »Daß vier große Nationen nicht Rache üben, sondern ihre gefangenen Feinde freiwillig dem Richterspruch des Gesetzes übergeben, ist eines der bedeutsamsten Zugeständnisse, das die Macht jemals der Vernunft eingeräumt hat.«

Das war ein vollkommen neues Prinzip, und es klang so verheißungsvoll nach den Werten einer freiheitlichen Ordnung, daß ich mich noch heute über die Stille im Klassenzimmer wundere, denke ich an die Szene zurück. Es war, als hätten die Nationen, die da über die Massenmörder und ihre Auftraggeber Gericht hielten, zum ersten Mal erproben wollen, was Franz Kafka in seinen Tagebüchern das »Hinausspringen aus der Totschlägerreihe« genannt hatte. Und mir war, als hätte ich einen kleinen Sieg errungen, als die Lehrerin meinen Vortrag

positiv benotete, mit einer 1+, weil es sich nicht vermeiden
ließ. Ich weiß noch, daß sie mich dabei wie eine merkwürdige
Kröte fixierte, und ich erwiderte ihren Blick.

Elf Jahre später erschien mein erster Gedichtband, ein Jahr
bevor das sozialistische Imperium mit dem Fall der Berliner
Mauer zu zerbröckeln begann. *Grauzone morgens* war der Titel,
ein Buch, in dem Szenen wie die eben beschriebenen sich zu
einem Panorama fügten, das aber eher ein Suchbild war – man
würde die Stichworte darin kaum wiederfinden. Von heute aus
betrachtet, folgte es mehr der Szenographie eines Tarkowski-
Films. Sein Meisterwerk »Stalker« hatte ich zufällig Anfang der
achtziger Jahre in einem Dresdner Kino gesehen. Den Schlüssel zu seiner rätselhaften Filmparabel aber fand ich später in
T. S. Eliots *Waste Land* – »Who is the third who walks always
beside you?« »There is always another one walking beside you.«
Die Überschneidung der Motive kommt mir erst heute voll zu
Bewußtsein. Da war also jemand, der schon lange an meiner
Seite war. Ein Engel, ein Auftraggeber?

Es gibt ein Gedicht, das mir die Tage von damals, die Zeit
meiner Ausflüge in die Sächsische Bibliothek ins Gedächtnis
ruft.

»Nimm es an«

So viele Tage, in denen nichts sich
    ereignete, nichts als die
knappen Manöver des Winters, ein paar

Schneehügel morgens, am Abend längst
    weggetaut und der seltsame
Augenblick im Kasernenviertel war

ein exotisches Flugblatt: als dieser
  kleine Soldatentrupp Russen in
  grünem Filzzeug schweigend ein

Zeitungsbündel bewachte und ich las
  »коммунист« obenauf und
  es fiel mir die Zeile ein »Denk

an die Uhr am Handgelenk
  Jackson Pollocks.«

Was heute in Europa umgeht, ist nicht mehr das Gespenst des Kommunismus. Es ist das Nachbild autoritärer Herrschaft, der Traum der Rechtspopulisten von der Volksgemeinschaft, durch Propaganda und Politmarketing realisierbar. An die Stelle der sozialistischen Utopien, die, allesamt diskreditiert, mit dem Untergang der Sowjetunion verschwanden, sind die rückwärtsgewandten Visionen von der starken Nation mit befestigten Grenzen und einer möglichst autarken Wirtschaft getreten. Regressive Phantasien feuern den Kampf um die Mehrheiten an (*Rassemblement National* heißt die Bewegung in Frankreich, zuvor *Front National*). Aggressive Massenbewegungen, die hier und da in Europa und Amerika längst Kommandopositionen erobert haben. Das Theaterstück mit dem Immobilientycoon T., dem Twitter-*König Ubu* im Weißen Haus, mag bald beendet sein, es zeigt aber auch, wohin die Reise demnächst gehen könnte in diesem zweiten Jahrtausend.

»Retrotopia« hat der Soziologe Zygmunt Bauman diese Rückwärtsbewegung in seinem letzten, postum erschienenen Buch genannt. Eine Kritik nationalstaatlicher Politik, die auf eine Welt der Beschränkung hinausläuft, der Handelskriege und der Wiederaufrüstung von Atommächten, kurz: auf die zunehmende Gewalt auf allen Schauplätzen, auch und zuerst in der Sprache. Bauman wußte, wovon er redete; als Jude hatte er die politische Gewalt früh erfahren, er war ein Emigrant seines Denkens. Kaum zufällig ist er, in Posen (Polen) geboren, nach vielem Hin und Her zwischen Ost und West, in England gestrandet und dort im einstweilen sicheren Hafen verstorben. Die Rückwärtsgewandtheit, von der seine Studie handelt, stützt sich auf das Sicherheitsbedürfnis der meisten entwurzelten Menschen in den westlichen Gesellschaften, denen die Freiheit über den Kopf wuchs, die Freiheit des Einzelnen wie die des Kapitals, das jede Bindungen auflöst und damit alle Lebensgrundlagen gefährdet. Das Unbehagen der Menschen an ihrer Kultur geht einher mit einer Verklärung der Vergangenheit. Zurück an die Stammesfeuer wollen die »kleinen Leute«, so die These – als wären sie alle damit nicht schon mehr als einmal gescheitert. In Zeiten der Globalisierung und der mit ihr einhergehenden Migration, die allgemein als Bedrohung, Destabilisierung und Auflösung des kommunalen wie familiären Lebens erfahren wird, mit wachsender wirtschaftlicher Ungleichheit und einem diffusen Terrorismus, der alle Alltagssituationen durchdringt, speisen die Visionen sich »nicht mehr aus einer noch ausstehenden und deshalb inexistenten Zukunft, sondern aus der verlorenen / geraubten / verwaisten, jedenfalls untoten Vergangenheit«.

Was aber ist das für eine Vergangenheit?
Vergangenheit, die nicht vergeht
Bewältigte Vergangenheit
Unbewältigte Vergangenheit
Erinnerung, Trauerarbeit
So viele Vergangenheiten, die jeder
der Zeitgenossen anders erinnert

Aber es soll für alle doch nur die eine sein,
die leicht erzählbare, die gute,
am besten eine, in der alles in Ordnung war
Ohne die Massen der Toten
Ohne die unter die Räder Gekommenen
die Ermordeten, elend Verreckten
für die es keine Zukunft gab
und oft nicht einmal ein Grab
»Streift denn nicht uns selber ein Hauch
der Luft, die um die Früheren gewesen ist?«

Das war die Idee der Geschichte:
 Sie soll das jeweils letzte Stadium historisch überlieferter Zeit sein oder die jüngste Folge der Großen Erzählung in Form einer Fernsehserie. Sie ist der beruhigende Zwischenzustand, in dem das Leben der Lebenden auf den Werken der Toten beruht und alles Überkommene auch den Jüngsten schon leicht verfügbar ist.
 Extremform Faschismus: die Zerstörung der Vergangenheit im Zuge des Kampfes um das Überleben der Stärksten (*the fittest*), Apotheose des Vitalismus, reine Technokratie über die Belange der Menschen hinweg. Erinnert werden gerade noch die eigenen Toten, denen man Monumente und Mausoleen errichtet. Der Marsch auf die Weimarer Republik begann an der Feldherrenhalle in München. Als die Stunde des Sieges geschlagen hatte, trafen die »Führer« sich vor den neuen Tempeln zum Stelldichein, die Hand vorm Gemächt. Faschismus: »Dessen Chance besteht nicht zuletzt darin, daß die Gegner ihm im Namen des Fortschritts als einer historischen Norm begegnen.« (Walter Benjamin) »Das Staunen darüber, daß die Dinge, die wir erleben, im zwanzigsten Jahrhundert *noch* möglich sind, ist *kein* philosophisches.«

Man soll keine Vergleiche ziehen, heißt es, um zu verstehen, was heute geschieht. Man soll nicht die alten Erklärungsmuster bemühen, der Hinweis auf die Entstehung des Nationalsozialismus hilft uns nicht weiter. Dennoch: Es kann ratsam sein, sich auf ein paar Wesensmerkmale des klassischen Faschismus zu besinnen, um auszuschließen, daß wir es mit Gespenstern der Wiederkehr zu tun haben oder auch nur Derivaten von ihnen, neuen chemischen Verbindungen, die aus alten Elementen hervorgehen könnten.

Es ist sicher nicht falsch, den Faschismus als eine Politik der Dynamik zu begreifen (ihr Synonym war die *Bewegung* – »München, Hauptstadt der Bewegung«). Er war aber auch, neben seiner ursprünglichen Gewaltgeschichte, eine mit den modernsten Mitteln der Technik, vor allem der Kommunikationstechnik, betriebene Suggestion und Formierung der Massen – heute würde man sagen, eine Marketingstrategie. Gegner wurden ins KZ abgeschoben, die potentiellen Volksgenossen mit Goebbels-Propaganda gehirngewaschen und die Juden als Fremdkörper ausgeschieden und schließlich vernichtet (das allerdings war einmalig). An die Stelle des Klassenhasses wurde der Rassenhaß gesetzt.

Die Historiker beschäftigen sich mit den Inhalten und dem Ablauf, die Soziologen fragen nach den Auswirkungen auf die Alltagskultur, die Philosophen handeln die beteiligten Ideen ab und stellen sie in eine Perspektive der Menschheitsideen. Einig ist man sich darin, daß man es mit einer Revolution zu tun hatte, einer Revolution von rechts – der einzigen, die in Deutschland je funktioniert hat und die Volksmassen wirklich erfaßte. Der deutsche Historiker Ernst Nolte hat mit seinem Vergleich der totalitären Bewegungen Kommunismus und Faschismus provoziert, er blieb ein Irrläufer in seiner Zunft. Aber niemand entgeht der Verschiebung des Blickwinkels. Wer ihn,

wie der Philosoph Habermas im Laufe des Historikerstreits als Zeichen des Revisionismus deutet, hat aus humanistischer Perspektive wohl recht, im Sinne der Sozialwissenschaft aber blockiert er nur das Verständnis politischer Dialektik. Die beiden Drachen Kommunismus und Faschismus haben sich wutschnaubend gegenübergestanden. Eine Zeitlang haben sie, bevor ihr totalitärer Flirt zum Krieg ausartete, vor den Augen der Welt zivilisatorisch und ästhetisch miteinander konkurriert, wie auf der Pariser Weltausstellung von 1937 eindrucksvoll sichtbar wurde.

Die Frage aber, welcher der Drachen beim Buhlen um die Massen der erfolgreichere war, führt uns direkt in die Gegenwart und zu einer Entscheidung. Hier kommt uns Umberto Eco wie gerufen mit seiner Liste der Merkmale des *Urfaschismus*, anläßlich einer Rede zum 50. Jahrestag der Befreiung Europas vom Nationalsozialismus an der Columbia University ausgearbeitet und später zu einem Traktat erweitert: *Il fascismo eterno*.

Der Semiotiker holt weit aus, ohne die Widersprüche wirklich aufzulösen: Einerseits sei der Faschismus ein Traditionalismus und natürlicher Feind der Moderne (»Blut und Boden«, die fixe Idee der »Rasse«, Verdammung des Materialismus und des »demokratischen Übels«, Apotheose des »Führerstaates«, Julius Evola), andererseits stütze er sich auf die modernste Technik, gehe mit der Zeit oder ihr sogar voran wie seine avantgardistische Vorhut, die Künstler des Futurismus. Einerseits handele es sich um ein Mythenkonstrukt, andererseits um eine Praxis der sachlichen Aktion, selber durch und durch materialistisch. Er beutet die Angst vor gesellschaftlichen Unterschieden aus (weniger solchen der Einkommensklassen als denen der Herkunft und Religion) und verschärft sie aufs äußerste. Er entsteht aus sozialer oder individueller Frustration: Hitler, der gedemütigte Nobody, der so gern Künstler geworden wäre. Es gibt aber einen Unterschied zwischen *Mein Kampf* und dem *Anton Reiser* des Aufklärers Karl Philipp Moritz.

Fest steht nur: Er ist ein Produkt des Nationalismus, seine Steigerung ins Maßlose, das heißt, *die Ausbeutung der Menschen aufgrund der simplen Tatsache, in dem Land geboren zu sein, in dem sie aufwuchsen und aus dem sie nicht wegkonnten* (weil Armut sie daran fesselte). Juden, die dort seit Generationen lebten, ihrerseits ewig Vertriebene, müssen für immer Fremde bleiben. Wer fremd ist und wer zur heiligen, todbereiten Gemeinschaft gehört, bestimmt der Faschismus. Juden sind die ewigen Nomaden seit den Zeiten Babylons – mögen sie sehen, wo sie auf dieser Welt bleiben. Faschismus ist die Konstruktion der Zugehörigkeit, der volkhaften Identität, die auch die eigenen Leute im Ausland hinter den Grenzen einschließt (Saarländer, Sudeten, Rumänien- und Wolgadeutsche usw.).

Er ist die Ideologie der Habenichtse, die den Kapitalismus als Verschwörung von Plutokraten deutet, sprich den Millionären (vorzugsweise den Juden), die sich aber nur durch Wahlkampfspenden und Investitionen von seiten des Großkapitals erhalten kann. Er postuliert den Kampf ums Überleben, einen Kult der Stärksten (und beruft sich dabei auf Darwin) – es ist ihm egal, ob die Schwachen unter die Räder (die Panzerketten) kommen oder im Meer ertrinken. Er glaubt an die Idee einer »Endlösung« aller Menschheitsprobleme: Weg mit den Schwachen, den Kranken (Obdachlosen und Irren), den uneinsichtigen Gegnern. Ein dauernder Krieg ist zu führen, an dessen Ende ein Goldenes Zeitalter heraufkommt, in dem die biologisch Kräftigsten (nicht die Schlausten) ein geregeltes Familienleben haben. Er träumt von Elite, seine Landsknechte aber kommen aus bildungsfernen Schichten – Intellektuelle, Studierte, Kulturmenschen sind ihm verhaßt (»Die Lügenpresse«). Der Faschismus braucht Helden, sie müssen zum Äußersten bereit sein, man trainiert auf den Tod hin, den Endkampf, und kämpft bis zur letzten Patrone. Der Faschismus ist eine männliche Angelegenheit. Im Willen zum Kampf wird die Frau zur Nebensache. Im Faschismus bleibt ihre Lage prekär, sie ist Gebärerin und Heldenmutter (gern auch KZ-Aufseherin). Oder auch Abgeordnete im rechtspopulistischen Lager, Abtreibungsgegnerin – niemals jedoch Feministin.

Ich gebe zu, auch mich beschäftigt seit einiger Zeit mehr als alles andere die Frage nach der nostalgischen Anziehungskraft des Faschismus. Ist das Gespenst wirklich gebannt und verbrannt wie die armen Hexen im Mittelalter? Allein der Gedanke: Kann man Gespenster verbrennen, so wie die Nazis Bücher verbrannten auf dem Berliner Opernplatz?

Gibt es da einen Mythos, der lebendig geblieben ist, konserviert unter den Trümmern des »Tausendjährigen Reiches«, der irgendwann wiederauferstehen kann? Heiner Müller: »wie früher geister kamen aus vergangenheit / so jetzt aus zukunft ebenso.« Ich habe das lange für Hysterie gehalten, nun aber bin ich mir nicht mehr so sicher. Das Thema der Wiederkehr des Vergangenen schien mir nur deshalb relevant, weil es auch bei den Historikern und den Soziologen Aufmerksamkeit fand. Wenigstens die Fachleute mußten doch sagen können, was es mit der Virulenz von Gespenstern auf sich hatte. Solange sie mir versicherten, daß wir uns alle in einer neuen Lage befinden, daß ein Revival des Schreckens, ob als Farce oder Operette, historisch ausgeschlossen war, drohte keine Gefahr.

Kann sein, es ist der Deutsche in mir, den hin und wieder eine Unruhe erfaßt. Nur darum starre ich wie gebannt auf die irren zwölf Jahre der Naziherrschaft, studiere immerfort die wachsende Fachliteratur zum Thema. Erst kürzlich wieder eine Entdeckung, die Generation der jungen Karrieremacher im Dritten Reich betreffend, Hitlers intelligente Schreibtischtäter, die Strategieberater von damals, gebildete, fleißige, zukunftsorientierte Typen. Ich stieß auf die Biographie eines gewissen Franz Alfred Six. Er gehörte zu den Mitbegründern des Sicherheitsdienstes (SD) im späteren Reichssicherheitshauptamt (RSHA) und war der ideale Gefolgsmann seines Chefs Heinrich Himmler und findige Büromitarbeiter seines fast gleichaltrigen Vorgesetzten Reinhard Heydrich, der in den Geheimzirkeln der SS als der potentielle Thronfolger Hitlers gehandelt wurde. Es gibt die Zeitungen, und es gibt die Masse der Zeitungsleser, aber eines Tages, das ist das Gebot der sich selbst organisierenden Moderne, mußte es auch eine Zeitungswissenschaft geben. Einer ihrer Pioniere war jener Franz Six, habilierter Leiter des Königsberger Instituts für Zeitungswissenschaft. 1935, da hatte er seinen Fachkollegen schon den Rang eines SS-Sturmbannführers voraus, war er zum Chef der Presseabteilung beim SD-Hauptamt in Berlin ernannt worden, sein Spezialgebiet war die weltanschauliche *Gegnerforschung*. In seinem Büro lief der gewaltige Datenstrom zusammen, der alle Personen im In- und Ausland erfaßte, die als Publizisten und Organisatoren politisch als Gegner des Nazistaates in Frage kamen.

Das wäre der Mann gewesen, der bei einer Besetzung Großbritanniens, nach dem Willen seines Chefs Heydrich, für die Position eines Sicherheitspolizeibefehlshabers in London vorgesehen war. Der Auftrag dazu kam von Feldmarschall Göring persönlich. Für den Fall einer erfolgreichen Invasion (Unternehmen »Seelöwe«) lagen nicht nur die Einsatzpläne der Dienststellen für das besetzte Land fertig im Schrank, auch eine Liste aller potentiellen Gegner auf der Insel war vorbereitet. Von seinem Amtskollegen SS-Brigadeführer Walter Schellenberg stammt das Handbuch für die geplante deutsche Invasion, das jene berüchtigte *Sonderfahndungsliste G.B.* enthielt, die den Alliierten nach Kriegsende in die Hände fiel. Sie verdankte sich hauptsächlich dem Sammlerfleiß des pedantischen Geg-

nerforschers Franz Six und seiner Mitarbeiter. Unter den rund 2700 gefährlichen Subjekten, die nach dem Einmarsch verhaftet werden sollten, obenan Winston Churchill als Feind Nummer eins, finden sich die Namen Albert Einstein und Sigmund Freud, aber auch Künstler und Schriftsteller wie John Heartfield, Aldous Huxley, H.G. Wells und Virginia Woolf.

Franz Six war der typische Schreibtischtäter, ein unauffälliger Beamter, vermutlich oft in Zivil unterwegs, in der Aktentasche die internationale Tagespresse. Auf einem Treffen von Briefmarkensammlern wäre er mit seiner runden Nickelbrille kaum sonderlich aufgefallen. Daß er es schon bald zu einer Villa in Berlin-Dahlem, Thielallee, einem Dienstwagen mit Chauffeur und einem eigenen Büro in der Innenstadt mit drei Sekretärinnen, Wilhelmstraße, Prinz-Albrecht-Palais, gebracht hatte, zeugt von den Aufstiegsmöglichkeiten im dynamischen NS-Staat, von dessen Innenleben der einfache Volksgenosse sich kaum eine Vorstellung machte. Six war der Verfasser von Aufsätzen mit Titeln wie »Europäische Schicksalsgemeinschaft« oder »Rußland als Teil Europas«. Sein Kerngeschäft aber war das Anlegen umfassender Gegnerkarteien. Die Wände seines Berliner Büros waren gespickt mit detaillierten Organigrammen, in denen die Welt in politische Gefährdergruppen aufgeteilt war. Mit seinem Vorgesetzten Heydrich teilte er die Faszination für eine gewisse Secret-Service-Aura, die durchaus ihren britischen Kontrahenten abgeschaut war.

Sein ehrgeiziges Projekt war die Koordinierung der innenpolitischen Propaganda mit der sogenannten Auslandskunde, der Geopolitik und der Erforschung der verschiedenen Gegnerkategorien (Marxisten, Sozialisten, Juden, Freimaurer, Jesuiten und Angehörige religiöser Sekten) auf der Basis eines von ihm postulierten »wissenschaftlichen Nationalsozialismus«, analog zur Ideologie der revolutionären Bolschewiki. Das Konzept einer soziologisch und historisch definierten Gegnerforschung stammte von keinem anderen als Reinhard Heydrich, dem »Mann mit dem eisernen Herzen«, wie Hitler seinen Meisterfunktionär anläßlich der pompösen Begräbnisfeierlichkeiten nach dem geglückten Attentat auf den Reichsstatthalter von Böhmen und Mähren genannt hatte. Wie sein Chef Himmler war auch dieser davon überzeugt, einem riesigen disparaten Heer potentieller Gegner ausgesetzt zu sein nach der Besetzung halb Europas in einem Territorium »mit 200 Millionen Menschen fremder Völker und Rassen« (Himmlers Rede vor den Reichs- und Gauleitern in Posen 1943). »Sie völlig und innerlich zu gewinnen wird erst möglich sein, wenn das große Ringen der beiden Weltreiche Deutschland und England entschieden ist. Dann werden wir diese 30 Millionen Germanen uns einmal angliedern können.«

Zu einer Invasion Großbritanniens ist es zum Glück nie gekommen. Statt dessen sollte England durch Luftangriffe zermürbt werden, bis es in einen Friedensschluß einwilligen würde, damit man sich endlich Rußland als dem größten Konkurrenten um die europäische Vorherrschaft zuwenden konnte. Nach dem Überfall auf die Sowjetunion findet sich dann auch Herr Six im Einsatz wieder. Mit einem eigenen motorisierten SS-Kommando fährt er der Front hinterher, um als erster für den SD in Moskau zur Stelle zu sein und dort Archive und Akten der gegnerischen Behörden sicherzustellen.

In den letzten Kriegsjahren wird er ins Auswärtige Amt versetzt, fährt kreuz und quer durch Europa und herrscht, wie Zeugen berichten, die Angestellten der diplomatischen Vertretungen und Kulturvertreter an. Für seine Beteiligung an den Verbrechen der Einsatzgruppen im Herbst 1941 in Smolensk wurde er in einem der Nebenprozesse in Nürnberg verurteilt, kann aber nach vier Jahren Haft in Landsberg wieder gehen, unbelehrt und ungeläutert. Auf der Liste der geistigen Väter des Judenmordes ist er nie aufgetaucht, von den Historikern wurde er lange Zeit übersehen. Man hat im Zusammenhang mit diesem Typus von einem funktionalen Antisemitismus gesprochen. Die physische Beseitigung des Ostjudentums war ihm immerhin einen Vortrag wert. Ob er selbst sich die Hände schmutzig machte, blieb ungeklärt. Sein Name steht für die bürokratische Vorarbeit, er war einer der vielen »Intellektuellen« im Prozeß der Endlösung, die das Gelände vorbereiteten. Er steht für ein Kürzel, eine scheinbar flüchtige Aktennotiz und eine Menge Papier, die am Ende zum Äußersten führten.

Nach dem Krieg wechselt der Mann übergangslos in die Autoindustrie, als selbständiger Unternehmensberater. Aus dem Spezialisten für tödliche Propaganda wird einer der Marketingexperten der Porsche-Diesel-Motorenbau GmbH. Vom Gesetz unbehelligt, erlebt er den Aufbau der Bundesrepublik und macht sich, bestens bezahlt, Gedanken über »Das Wesen des Marketing«. Dazu paßt eine Beobachtung Paul Celans: »Das Keimfreie ist das Mörderische, im formal designing ist der Faschismus heute.«

Ist das die Art und Weise, wie deutsche Biographien sich runden? Zufall oder Notwendigkeit: An dieser Stelle kommt das Thema dieser Vorlesungen zu sich und an ihr Ende. Es war George Weidenfeld, der Stifter der *Oxford Lectures*, der als einer der ersten den Zusammenhang von faschistischer Propaganda und ihren späteren, im Zivilleben nützlichen Formen von Marketing erkannte in seiner Studie »Das Goebbels-Experiment« (1942). Das war damals ein erster Blick auf etwas, das uns bis heute beschäftigt: Die Frage, wie lassen in einer Massengesellschaft die Meinungen sich medial lenken? Goebbels, zur Erinnerung, war der Mann, der in Heidelberg Germanistik studiert hatte, einer, der sich gewählt ausdrücken konnte, »also eine Besonderheit unter all den NS-Rabauken«, sagt Weidenfeld im Spiegel-Interview. »Auf seine Art und Weise war er ein Genie, natürlich auch stilistisch und intellektuell viel interessanter als die ungebildeten oder halbgebildeten Naziführer. Und dann hat er eben verstanden, mit seinen Mitarbeitern Propaganda sehr modern zu organisieren.« Darum geht es: Wie kommt die Haßbotschaft möglichst frisch und sprachlich aufwühlend in die Gehirne der Lebenden? Goebbels war das gefundene Sprachrohr, ein Naziredner wie keiner vor ihm – an ihm werden die Demagogen aller Länder in ihren Trainingsprogrammen sich stets neu aufladen.

Was mich nicht losläßt, ist das Problem der totalen Verfügbarkeit ganzer Völker. Daß es ausgerechnet das deutsche war, beschäftigt die Welt bis heute. Warum die Deutschen unter

Hitler und die durch die Revolution verfügbar gemachten Bewohner des Sowjetreiches unter Stalin Abhängige waren und was ihre historische Erfahrung zu bedeuten hat, wird uns noch lange beschäftigen.

Die Frage, wer wärst du gewesen in einer Diktatur?, muß ich mir nicht erst stellen, denn ich bin mittendrin gewesen und habe es überstanden.

Schon eher die Frage: Wer wärst du gewesen in der Nazizeit, und was hättest du getan angesichts Hitlers, unter den allgegenwärtigen Bildern und Worten des »Führers«? Es gab damals keine Außenwelt mehr. Es ist also müßig, eine Moral im nachhinein zu entwickeln. Das Prinzip der Zeitgenossenschaft, dem wir verhaftet sind, schließt uns von anderen historischen Erfahrungen aus. Ich kann nur sagen: Ich habe das Dritte Reich verschlafen, und jemand könnte mir zurufen: Träum weiter, Freund! Die Frage kann also nur lauten: Läßt sich aus dieser Geschichte, läßt sich aus dem geschichtlichen Verlauf überhaupt etwas lernen?

Ich tauche nun in die Gegenwart auf. Ich steige, nunmehr bei vollem Bewußtsein, an die Oberfläche unserer Tage. Ich will, ganz zum Schluß, doch noch zurückkommen auf das Problem des Schreibens und die Frage, warum einer überhaupt schreibt. Die Frage »Warum schriftlos leben?« stellt sich den meisten nicht derart dringlich. Ich weiß das, aber mir hat sie sich früh gestellt. Man geistert lange stumm in sich umher, ehe man an den Punkt kommt, ein paar Zeilen auf ein Blatt Papier zu kritzeln, zunächst nur für sich selbst, und naturgemäß ohne das geringste Wissen von der Geschichte.
Hören wir, was der Philosoph Gilles Deleuze dazu zu sagen

hat. »Schreiben ist eine Sache des Werdens, stets unfertig, stets im Entstehen begriffen, und läßt jeden lebbaren oder erlebten Stoff hinter sich.« Das ist die Ausgangslage: Wir wissen nicht, was uns treibt, und wir können, was uns zustößt, nur in ein paar Sätzen raffen – eine abgekartete Sache. Schrift wird uns zusammenfassen, sie verkürzt, was wir das Leben nennen, ganz unvermeidlich. Der Philosoph, vor dem Absoluten stehend (»Die Literatur und das Leben«), macht dann Sprünge, sogleich ist er bei der Notwendigkeit, sich zu verwandeln – in eine Frau, in ein Tier, eine Pflanze, ein Molekül –, und er hat recht. »Die Scham, ein Mensch zu sein – gibt es einen besseren Grund zum Schreiben?«

Nein, es gibt keinen besseren Grund, und ich überspringe alle seine weiteren Gedankengänge und mache halt bei einer Aussage, die mich damals, als ich *Kritik und Klinik* zum ersten Mal las, sofort packte und nicht mehr losließ. »Man schreibt für die sterbenden Kälber, sagte Moritz.« Gemeint war Karl Philipp Moritz, ein Schriftsteller der Goethezeit, Verfasser des *Anton Reiser*, einer Lebensgeschichte, erzählt von ganz unten, aus der Perspektive eines Arme-Leute-Sohnes unter streng religiösen Menschen, der erste *Psychologische Roman* deutscher Sprache.

Gilles Deleuze hatte nur das Stichwort geliefert, aber ich war elektrisiert und bin der Spur gefolgt – und siehe da: Ich kam bei mir selber heraus. Mein erster Erzähltext, der erste, an dem ich ernsthaft gearbeitet habe, begann an einer Straßenkreuzung in Dresden, ich war damals sechzehn. Nach einem Besuch bei meinen Großeltern, wartete ich auf die Straßenbahn, die mich zurückbringen sollte an den Stadtrand, in jene Gartensiedlung Hellerau, wo wir seit ein paar Jahren wohnten. Ich stand also da, starrte in den Regen, der gerade eingesetzt hatte, und ein Viehtransporter rauschte an mir vorüber. Ich kann den Anblick der todgeweihten Tiere, wann immer er mir begegnet, die dunklen Augen der Kühe und Kälber hinter den Lüftungsschlitzen des Transporters, nie vergessen. Hier setzte mein Text ein.

Es war der Monolog einer Kuh auf dem Weg zum Schlachthof. Geschrieben in einer primitiven Form von Bewußtseinsstromprosa (*monologue intérieur*). Damals wußte ich noch nichts von James Joyce und Arthur Schnitzler. Hatte keine Ahnung davon, daß auch die Literatur zuletzt eine Technik war, die man erlernen, entwickeln konnte. In einem Augenblicksblinken, im Leuchten einer Pupille hatte ich mich in diesem Tier wiedererkannt, und die Prosa begann zu fließen. Das Stück schrieb sich fast wie von selbst. Es endete in dem Moment, da das Tier nach allem Streß und Terror an der Entladerampe durch einen Tunnel zur letzten Station seiner Leiden getrieben wurde, in dem Moment, als das Bolzenschußgerät auf der Stirn aufsetzte. Die Prozedur kannte ich, weil mein Großvater, zeitlebens als Fleischermeister im Dresdner Schlachthof tätig, mir einmal davon berichtet hatte.

Mit dem Blackout der geschundenen Kreatur brach der Text ab. Ganz klar: ein unbefriedigendes Ende für eine Erzählung. Und ich empfand mein Scheitern und begrub das Manuskript beschämt unter vielen anderen halbgaren Entwürfen. Ich machte mir damals Sorgen, weil nichts mir gelingen wollte. Das ist das wunde Geheimnis am Schreiben – ich weiß als Versuchstier im Selbstversuch nicht, wohin die Untersuchung führen wird. »Schreiben heißt nicht, seine Erinnerungen zu erzählen, seine Reisen, seine Lieben und seine Trauer, seine Träume und seine Phantasmen.« Das hatte ich bald begriffen. »… die Literatur beginnt nur dann, wenn in uns eine dritte Person entsteht, die uns der Fähigkeit, *ich* zu sagen, beraubt.« Aber auch jenseits des Ich kam ich lange nicht weiter. »Die Gesundheit der Literatur, als Schreiben, besteht in der Erfindung eines Volkes, das fehlt.« Das klang pompös, aber eines Tages dämmerte mir, was damit gemeint war – und so geriet ich, mehr zufällig, in den Betrieb der deutschen Literatur, als einer von vielen, die von einem Volk träumen, das fehlt.

»Man schreibt für die sterbenden Kälber, sagt Moritz.« Den Roman, auf den der Satz anspielt, hatte ich früh gelesen, auf die bewußte Stelle bin ich erst durch den Hinweis des französischen Philosophen gestoßen. Sie findet sich dort, aber nicht im selben Wortlaut. So kann es einem gehen, wenn man einfach nur liest. Es geht nicht um das bloße Lesen; worauf es ankommt, ist das Innehalten an einer bestimmten Stelle. Und das war sie, die Stelle, die ich damals überlesen hatte: »Wenn er von dieser Zeit an ein Tier schlachten sahe, so hielt er sich immer in Gedanken damit zusammen – und da er es bei dem Schlächter auch so oft zu sehen Gelegenheit hatte, so ging eine ganze Zeit lang sein bloßes Denken dahin – den Unterschied zwischen sich und einem solchen Tiere, das geschlachtet wird, auszumitteln. – Er stand oft stundenlang, und sah so ein Kalb, mit Kopf, Augen, Ohren, Mund, und Nase, an; und lehnte sich, wie er es bei *fremden Menschen* machte, so dicht wie möglich an dasselbe an, oft mit dem törichten Wahn, ob es ihm nicht vielleicht möglich würde, sich nach und nach in das Wesen eines solchen Tieres hineinzudenken – es lag ihm alles daran, den Unterschied zwischen sich und dem Tiere zu wissen – und zuweilen vergaß er sich bei dem anhaltenden Betrachten dasselben so sehr, daß er wirklich glaubte, auf einen Augenblick die *Art des Daseins* eines solchen Wesens empfunden zu haben. Kurz, wie ihm sein würde, wenn er z.B. ein Hund, der unter Menschen lebt, oder ein anderes Tier wäre – das beschäftigte von Kindheit an schon oft seine Gedanken.«

Von den Philosophen, allen voran Descartes, der in den Tieren nur Automaten sah, Bündel aus Reflexen, vernunftlose Wesen, läßt sich lernen, was ein Diskurs ist. Literatur hatte von alters her ihre eigenen Diskurse und Themen, in diesem Punkt war sie immer souverän und mußte nicht auf die Sozialwissenschaften warten. Fragt man mich heute nach einer Poetik, würde ich antworten: Wir bemühen uns um eine Photosynthese der Worte und der Bilder. Die Worte arbeiten an der Überlieferung, die Bilder erreichen uns immer aus einer kleinen Zukunft, die schnell Vergangenheit wird. Gemeint sind die Bilder aus allen Medien, die uns täglich als Schockerfahrung des Realen überrollen und bis in die Träume hinein wirken. Jeden Tag treibt uns Geschichte, diese brutale Übersetzung der Zeit in eine kollektive Erzählung, aus uns selber heraus und verwirrt unsere Imagination. Der Dichter ist nur einer von vielen, sein Problem ist es, die Prätentionen des Dichtertums abzulegen. Er weiß am Ende nur, was jeder wissen könnte: Es gibt so viele Realitäten, sie existieren unabhängig von uns und zur selben Zeit, und das gleiche gilt für die Identitäten. Wenn sie auch Träumer sein mögen, die Dichter – das einzige, woran sie nie zweifeln: Daß die Taten und die Gedanken der Vorfahren sie einholen werden. In dieser Hinsicht sind sie empfindlich, Spezialisten, die mit den Toten in dauerndem Funkkontakt stehen.

Es gibt etwas, das die Soziologen transgenerative Übertragung nennen. Keiner springt aus der historischen Zeit, niemand entzieht sich der Formung durch Geschichte. Früher vielleicht, in den unvordenklichen Zeiten der Mythen und Märchen, aber heute ist das unmöglich. Und so gibt es auch nicht den vielbeschworenen Schlußstrich.

An Flucht aus der Zeit ist nicht zu denken, auch nicht an eine Flucht nach innen, denn auch dort holt Geschichte noch jeden zuverlässig ein. Vielmehr, sie geht als Gewaltgeschichte durch ihn hindurch und prägt sich mit ihren Daten den Körpern ein. Es gibt etwas jenseits der Literatur, das alles Schreiben in Frage stellt. Und es gibt die Literatur, die Geschichte in Fiktionen durchkreuzt, die Literatur als »Verabredung zwischen den gewesenen Geschlechtern und unserem«.

»Streift denn nicht uns selber ein Hauch der Luft, die um die Früheren gewesen ist? Ist nicht in Stimmen, denen wir unser Ohr schenken, ein Echo von nun verstummten?« fragt Walter Benjamin. »Die Geschichte lehrt dauernd, aber sie findet keine Schüler«, erwidert ihm Ingeborg Bachmann, die es von Antonio Gramsci hat.

Sie mußte Erfahrung damit haben, sie war eine Frau. Aber wir können nicht, können zum Glück nicht wissen, ob dies das letzte Wort in dieser Angelegenheit ist.

Hinweise und Nachweise

Die violette Briefmarke

ADOLF HITLER (1889-1945), Mein Kampf, Band 2, München, 1932

EDMUND KALB (1900-1952), Leben und Werk, Dornbirn, 2014

FRIEDRICH PERCYVAL RECK-MALLECZEWEN, Tagebuch eines Verzweifelten, Bonn, 1981

KONRAD HEIDEN, Adolf Hitler. Das Zeitalter der Verantwortungslosigkeit, Zürich, 1936

Landschaft in Banden

PIERO PURICELLI, Entwurf für ein europäisches Autostraßennetz, in: Zeitschrift *Die Straße*, Organ des Generalinspektors für das deutsche Straßenwesen, Nr. 2, Berlin, 1934

»An Europa denken heißt, es mit einem organischen und sinnreichen Netz von Autobahnverbindungen überziehen, die dem Zuge des größten Verkehrs folgend ein geschlossenes, den Zeiterfordernissen genügendes Verkehrssystem ergeben.«

Fritz Todt, Der Sinn des neuen Bauens, in: *Die Straße*, Nr. 4, Berlin, 1937

Stanley McClatchie, Sieh: Das Herz Europas, Verlag Heinrich Hoffmann, Berlin, 1937

Friedrich Kittler, AUTO BAHNEN, in: Explosion of a Memory, Heiner Müller DDR Ein Arbeitsbuch, Edition Hentrich, Berlin, 1988

Siegfried Kracauer, Totalitäre Propaganda, Frankfurt a. M., 2013

Errungenschaften des Reichsautobahnprojektes in den Jahren der Weimarer Republik: Ganz aus dem Geist der Bauhausarchitektur wurden zum ersten Mal Lösungen für die technischen Probleme des neuen Überlandstraßenbaus geliefert, so die Trennung des Richtungsverkehrs durch Mittelstreifen, eine »Kleeblattlösung« für Autobahnkreuze. Selbst ein Konzept zur Landschaftsgestaltung und die Einbindung in die natürliche Umwelt fanden sich bereits auf dem Papier.

Zu den Pionieren auf diesem Feld gehörte auch der Architekt Mies van der Rohe, der die *Frage des künstlerischen Problems der Autobahn* aufwarf, jenseits der üblichen Billiglösungen unterm Druck der Werbeagenturen im Namen der investierenden Firmen, die sich die Autobahn nur als große fortlaufende Reklamebande wie in den Sportstadien vorstellen konnten. »Wenn wir von einer besonderen Pflege des Landschaftsbildes sprechen, so ist es selbstverständlich, daß auf keinen Fall die bisher übliche Streckenreklame zugelassen werden darf.«
Die ersten Entwürfe für praktische Autobahntankstellen kamen von Mies van der Rohes Reißbrett. Zwei von ihnen

wurden noch vor den Generalbebauungsplänen der Nazis bei Hannover realisiert. Bis in die siebziger Jahre des letzten Jahrhunderts erfüllten sie ihren Zweck, bevor sie den neuen Aral- und Shell-Filialen weichen mußten. Es waren die typischen Flachdachkonstruktionen einer kühlen Moderne, *radical chic*, den Fronvögten des Dritten Reiches mit ihren volkstümlichen Bauhandwerksphantasien von Anfang an ein Dorn im Auge. Nach der nationalsozialistischen Machtübernahme setzte sich bei Funktionsgebäuden entlang der Autobahn der sogenannte Heimatschutzstil durch. Von nun an waren Raststätten, Autobahnmeistereien, auch Tankstellen unter altdeutschen Bauformen getarnt, angepaßt an die landschaftlichen Gegebenheiten, dekorativ begrünt, jede ein Wirtshaus im Spessart. Ein Stil wie aus den deutschen Märchenbüchern machte sich breit, das unverfälscht Heimatliche hatte Konjunktur. Gebaut wurde mit bodenständigem Kalkstein, gefragt waren Schutzhütten mit hohen Giebeldächern.

Daß PARALLELEN sich im Unendlichen schneiden, schien nun auf einmal fast greifbar. Auf ebener Strecke sah es so aus, als würden die Linien der schnurgeraden Fahrbahnen zuletzt konvergieren. Von Fahrbahnstaffelung sprachen die Planer. Ein Extremfall solcher Staffelung in die Horizontale war die zweigeschossige Autobahn auf der Strecke Salzburg–Villach–Klagenfurt. Zum Einsatz kamen Arkaden, die den Blick auf die Gebirgslandschaft erst nach und nach öffneten. Gelöst werden mußte auch, oft viele Kilometer im voraus, das Problem der Anschlußstellen. An Über- und Unterführungen wurde gedacht, selbst an das sogenannte Lichtraumprofil, das den Wechsel von Schattenzonen und unmittelbar eintretenden Tageslichtsituationen moderierte. Erst so stellte sich der gewünschte Rhythmus des Gleitens ein, den heute jeder Autofahrer wie selbstverständlich genießt und der auf langen Strecken die

Stunden eines Tages kurzschließt, inklusive der Körpergefühle, die alle Stadien im gewöhnlichen hormonellen Auf und Ab im Zeitraffer durchlaufen.

A<small>LBERT</small> S<small>PEER</small>, Der Baumeister Fritz Todt, in: *Deutsche Technik.*
 Die technopolitische Zeitschrift, Heft 10, 1942

Ein eigenes Kapitel der Planungsregie waren die T<small>UNNEL</small>. Die erste Bewährungsprobe war der sogenannte Nasenfelstunnel auf der Strecke Stuttgart–Ulm. Der größte je in den Felsen getriebene Durchbruch war der Engelbergtunnel auf der Autobahnstrecke Heilbronn–Stuttgart. Anstatt das Gestein abzutragen, entschied man sich, es bergmännisch zu *durchörtern*. Natürliche Hindernisse, gleich welcher Art, wurden ortsabhängig überwunden – nur keine Unterbrechung, der Fließverkehr auf dem Betonband mußte gewahrt bleiben. Immer ging es um die Ausnutzung des Fahrzeugschwungs – »... wenn die Autobahn, von der Höhe kommend, ein kurzes tiefes Tal durchquert und am jenseitigen Hang wieder ansteigt«. Und weiter im beschwingten Ingenieursdeutsch jener Zeiten: »Geradlinige Führung läßt hier die Autobahn über alle sich ihr entgegenstellenden Hindernisse mit einem einzigen Schwung hinweggleiten, was *Bilder von einzigartiger Wucht und Schönheit* ergibt.« Erfindungen, die zum Komplex Autobahn gehörten, betrafen vor allem den F<small>ERTIGUNGSPROZESS</small>: Zum Beispiel die sogenannten »Delmag-Frösche«. Sie sorgten für das Vorstampfen des Bodens mit Preßluftstampfern. Eine gewaltige Maschine, von mehreren Facharbeitern mit Schaufeln und Stangen bedient, rollte auf breiten Eisenbahnschienen voran. In einem einzigen Arbeitsgang bewältigte sie das Feststampfen der oberen Materialdecke, die anschließend geglättet und abgezogen wurde. Sie war der Prototyp, aus ihr ging der sogenannte »Straßenfertiger« hervor, eine Universalmaschine, die sowohl Unterbau wie Betondecke, »also die vollständige Straße, ganz allein, ohne irgendwelche zusätzliche Maschinen- oder Handarbeit herstellen« konnte. Unter den Malochern hieß das Monstrum die »Arbeitsbiene«. Ihr folgte die Nachstampfbohle, ein bei den Arbeitern wenig beliebtes Gerät, das mit 150 Schlägen in der Minute das Ganze nachzubearbeiten half und die schwachen Menschenkörper dabei zum Vibrieren brachte.

HEINRICH MANN, Der Haß, Amsterdam, 1933

ANNIE ERNAUX, Die Jahre, Paris, 2008

Das soziologische Epos vom westlichen Menschen in der zweiten Hälfte des zwanzigsten Jahrhunderts hat eine Frau geschrieben. Konsequente Autosoziologie, vor deren Hintergrund die psychologischen Konturen der Berichterstatterin um so klarer hervortreten. Zum ersten Mal widerfährt dem Durchschnittsleben eines Menschen unserer Tage in einer fortlaufenden Chronik Gerechtigkeit. Der eigenen Kultur den Spiegel vorhalten, bis alle Gemeinschaftszüge am Einzelnen zur Kenntlichkeit gerinnen, war das Konzept, sich selber und seinesgleichen und unsere Art zu leben so zu betrachten, wie es die Ethnologen früher mit fremden Völkerstämmen taten, die Aufgabe dieser Autorin. Sie hat sie auf bahnbrechende Weise gelöst.
Ein Nachtrag aus heutiger Sicht: Auch die schweren UNFÄLLE nahmen im Laufe des Autobahnausbaus zu. Bei regenglatter Fahrbahn und der stetig wachsenden Geschwindigkeit der neuen Fahrzeugmodelle gehörten sie bald zum Gesamtbild. Kaum einer, der nicht schon in Lebensgefahr geriet nach stundenlangem Dahinrasen auf den mehrspurigen Trassen, erst

recht im Bereich der Baustellen, die nie ein Ende nehmen. Unvergeßliche Horrorszenen mit Massenkarambolagen, umgekippten Lastern und verzweifelten Betroffenen, die um ein Warndreieck tanzten, waren an der Tagesordnung – bis die Ölkrise kam und alles für einen Augenblick zum Stillstand brachte.

ROBERT LEY, Vom Wesen des ständischen Aufbaus, in: NSDAP (Hrsg.), *Nationalsozialistische Monatshefte*, Jg. 3 (1933), Heft 42

VICTOR KLEMPERER, Ich will Zeugnis ablegen bis zum letzten. Tagebücher 1933-1945, Berlin, 1995

GOTTFRIED BENN, Briefe an Elinor Büller (1930-1937), Stuttgart, 1992

Bei aller expressionistischen Modernekritik war der Dichter den technischen Neuerungen gegenüber durchaus aufgeschlossen. 1933, als ihm die Zukunft im neuen NS-Staat noch rosig erschien, geradezu von griechischer Größe (»Dorische Welt«), hatte er den Futuristen Filippo Marinetti, einen Geschwindigkeitsfanatiker der ersten Stunde und leidenschaftlichen Automobilisten, bei einem Empfang in der Preußischen Akademie stolz als Gleichgesinnten begrüßt. Das war ein Mann nach seinem Geschmack, ein Kunstaristokrat, der ihm imponierte. Es ergab sich die Chance, einen echten Avantgardisten als Kulturbotschafter Italiens, des faschistischen Vorreiterstaates, offiziell würdigen zu dürfen. Marinetti, Sohn eines vermögenden Rechtsanwalts, hatte in Mailand früh zu den wenigen gehört, die sich ein eigenes Auto leisten konnten. Im ersten Manifest des Futurismus von 1909, mit dem Instinkt des geborenen Werbefachmanns in Paris annonciert – in *Le Figaro*, der wichtigsten Gazette des Landes –, findet sich der euphorische Bericht einer Spritztour mit Freunden durch das nächtliche Mailand; sie wird ihm zum Schlüsselerlebnis. Marinetti beschreibt das Gefühl, das jeder Autonarr mit seinem PS-mächtigen Gefährt seither kennt.»Wir gingen zu den drei schnaufenden Bestien, um ihnen liebevoll ihre heißen Brüste zu streicheln. Ich streckte mich in meinem Wagen wie ein Leichnam auf einer Bahre aus, aber sogleich erwachte ich zu neuem Leben unter dem Steuerrad, das wie eine Guillotine meinen Magen bedrohte.« Zwei Radfahrer kommen ihm auf leerer Straße entgegen, er tritt auf die Bremse, dreht sich mit seinem Automobil um die eigene Achse und landet im nächsten Straßengraben. Glück gehabt, der Wagen mit dem offenem Verdeck, heute ein Oldtimer in den Technikmuseen, hat nur ein paar Schrammen abbekommen. Die Niederlage aber wird flugs zum Sieg umstilisiert. Triumphiert hat das Fahrgefühl, das den Körper aufputscht und in ihm fortzittert.

Ein Urerlebnis, im Stil der Apostelgeschichten erzählt: Initiation des modernen Menschen im Rausch der Geschwindigkeit. Der Künstler verkündet das Evangelium aller zukünftigen Avantgarden. Tatsächlich war Marinetti der geborene Formel-1-Pilot. Sein Manifest gab den Ton vor, in dem die Öffentlichkeit sich von nun an über die Fortschritte im Kunstbereich informieren ließ. Begeistert begrüßt der Dichter die Überwindung von Raum und Zeit. *Der Tod sitzt am Steuer* war der Titel eines Prosagedichts; als einer der ersten besingt er die wilde Jagd der Autorennen. In jener Mailänder Nacht aber hing er wie ein Käfer in seinem Chitinpanzer fest. Noch einmal hatte die Antike in Gestalt der Nike von Samothrake über ein aufheulendes Auto triumphiert. Beschrieben wird eine Stummfilmszene: »Als ich wie ein schmutziger, stinkender Lappen unter meinem auf dem Kopf stehenden Auto hervorkroch, fühlte ich die Freude wie ein glühendes Eisen erquickend mein Herz durchdringen!« Damit nimmt eine der folgenreichsten Kunstbewegungen des neuen Jahrhunderts ihren Lauf. Sie wird sich schon bald mit dem Faschismus verbünden. Mussolini ist der Politiker, der wie gerufen kommt, das Programm der technikversessenen Futuristen umzusetzen: Abschaffung der Vergangenheit, des verfluchten *passato*, in dem Italien, das Land der Altertümer, schon so lange gefangen gewesen war als Pilgerzentrum der Touristenmassen, Stürmung der Bibliotheken, Museen und Archive, der Kult der Maschine und der Arbeit, Loblied auf ein neues, geeinigtes Italien, Vollendung des *Risorgimento* und die Begeisterung für den Krieg. Noch heute kann man die Meinung finden, erst mit Marinetti und seinem politischen Erfüllungsgehilfen Mussolini habe Italien den Anschluß an die Moderne und damit zu sich selbst gefunden.

OTTO KURZ, Zukünftige Landschaftsbilder an der Reichsautobahn, in: »Die Straße«, Organ des Generalinspektors für das deutsche Straßenwesen, Nr. 19, Beilage *Die Autobahn*, Berlin, 1936

Ein Beispiel für die biologistische Denkweise, die auch vor Anzüglichkeiten nicht zurückschreckte, ist in diesem Zusammenhang folgende Äußerung des Reichsarbeitsführers Konstantin Hierl: »Arbeitsdienst an den deutschen Müttern ist Dienst an der Volksgesundheit, am deutschen Blut.« Eine klare Aufforderung an alle Arbeitsmänner, wofür der nächste Urlaub patriotisch zu nutzen sei. Es gibt keine Pause im Arbeitsdienst: Noch der Geschlechtsverkehr wird hier als Teil der Pflichterfüllung vereinnahmt.

DIETER WELLERSHOFF, Der Ernstfall. Innenansichten des Krieges, Köln, 1995

SAUL FRIEDLÄNDER, Kitsch und Tod. Der Widerschein des Nazismus, München, 1986

Von einer Sprachlähmung, einer Sprachblockade, die gewissermaßen die ganze deutsche Schriftkultur im Gefolge der Nazi-Sonnenfinsternis erfaßt habe, schreibt Saul Friedländer in seiner Studie: »… die Ereignisse entwickelten sich schneller als die Sprache. Seit Auschwitz erscheint die Distanz zwischen beiden unüberbrückbar.« Und knüpft daran eine Frage, die heute fundamentaler erscheint als W. G. Sebalds Vorwurf, eine adäquate Behandlung des eigenen Traumas in Form der Aufarbeitung des Luftkriegs, der Zerstörung deutscher und während des Krieges von Deutschen zerstörter Städte habe es nie gegeben: »Gibt es ein Kunstwerk, ein Werk der Literatur zum Beispiel, das sich diesen Ereignissen mit Entschiedenheit stellen konnte?«

Bei Friedländer, dem Geschichtslehrer, findet sich auch die Kritik an der kalten Historikersprache. Da argumentiert einer als familiär Betroffener gegen die eigene Zunft – seine jungen Eltern hatten den Sohn in einem katholischen Internat in Sicherheit gebracht, wurden beim Versuch, die Schweizer Grenze zu passieren, zurückgeschickt und schließlich aus Frankreich nach Auschwitz deportiert. Sein Befund trifft die heutige Lage, in der die Zeitfenster sich endgültig schließen, die letzten Überlebenden der Vernichtungslager aussterben. »Der Revisionismus reinigt die Vergangenheit, indem er mit den Fakten feilscht. Am anderen Extrem des Spektrums steht die systematische Geschichtsforschung, die die Tatsachen minutiös in all ihren Zusammenhängen aufdeckt. Doch auch sie schützt uns letzten Endes vor der Vergangenheit, dank der unvermeidlichen Auflösung der Sprache. Es ist ein unwillkürlicher Exorzismus, ein Ausweichmanöver, dem wir uns alle unterwerfen. Seine Mechanismen gilt es aufzudecken.«

Adam Zagajewski, Asymmetrie, Gedichte, München, 2017

Im Luftkrieg der Bilder

Hannah Arendt, Besuch in Deutschland, Berlin, 1993

Vorsicht mit der Formel von der *Barbarei*. Arendt: »Übrigens fängt die Verlogenheit bereits mit dem Worte ›Barbarei‹ an, das man heutzutage in Deutschland so gern für die Hitlerzeit gebraucht; hier klingt es zum Beispiel so, als hätten jüdische und nichtjüdische Intellektuelle einem Lande den Rücken gekehrt, das für sie nicht mehr fein und gebildet genug war.«

Rolf Peter Sieferle, Finis Germania, Schnellroda, 2017

Der Essayband »Finis Germania« ist die nachgelassene Schrift eines emeritierten Professors der Soziologie, der durch Freitod aus dem Leben schied, ein tragisches Zeugnis der Verwirrung eines Denkens in stürzenden historischen Großperspektiven. Es findet sich darin das ganze Repertoire von Schuldabwehr, nationalem Verfolgungswahn, Überfremdungs- und Untergangssorge, wie es das neokonservative und neurechte Denken seit jeher und auch heute wieder charakterisiert. Auch die Übernahme der Opferposition gehört zu den bewährten Mitteln solcher Rhetorik. »Die Menschen, welche in Deutschland leben«, heißt es da, »haben sich ebenso daran gewöhnt, mit dem Antigermanismus fertigzuwerden, wie die Juden lernen mußten, mit dem Antisemitismus zurechtzukommen.« An der kleinen Privatschrift des verwirrten Professors entzündete sich bizarrerweise ein Streit um die sogenannte Meinungszensur in der Medienöffentlichkeit der Bundesrepublik von heute.

MAX HORKHEIMER, THEODOR W. ADORNO, Die Dialektik der Aufklärung, Amsterdam, 1947

RÉ SOUPAULT, Katakomben der Seele. Eine Reportage über Westdeutschlands Vertriebenen- und Flüchtlingsproblem 1950, Heidelberg, 2016

HEINRICH MANN, Der Haß, Amsterdam, 1933

THOMAS MANN, Vom zukünftigen Sieg der Demokratie, Zürich, New York, 1938

Im Schweizer Exil abwartend, hatte er sich in den ersten Jahren des Hitler-Regimes noch in einer Zone der Neutralität bewegt. Sein deutsches Publikum bei der Stange zu halten war lange der Wunsch des Nobelpreisträgers gewesen. Dabei hatte er schon im Jahr der Machtergreifung an Albert Einstein geschrieben: »Damit ich in diese Rolle gedrängt würde, mußte wohl wirklich ungewöhnlich Falsches und Böses geschehen, und falsch und böse ist denn auch meiner tiefsten Überzeugung nach diese ganze *Deutsche Revolution*.«

ANDREAS PETERSEN, Die Moskauer. Wie das Stalintrauma die DDR prägte, Frankfurt a. M., 2019

W. G. SEBALD, Luftkrieg und Literatur, München, 1999

Victor Klemperer, LTI, Berlin, 1947

Gottfried Benn, Doppelleben, Wiesbaden, 1950

Alexander Kluge, Der Luftangriff auf Halberstadt am 8. April 1945, Frankfurt a. M., 2008

Hans Erich Nossack, Der Untergang, Frankfurt a. M., 1962

Edward Timms, Die Geheimen Tagebücher der Anna Haag (Eine Feministin im Nationalsozialismus), Bad Vilbel, 2019

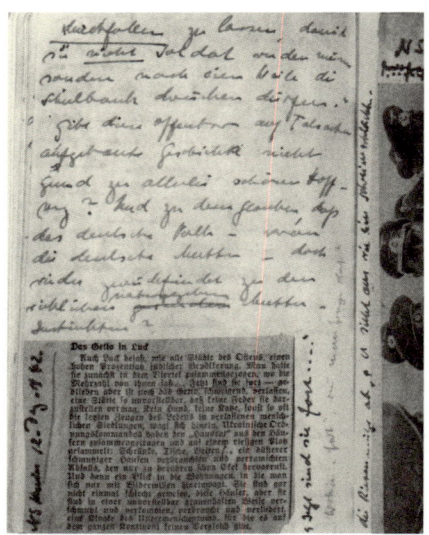

Einmal gelingt der Verfasserin eine Collage, die aus der blanken Konfrontation der Fakten Funken schlägt. Unter dem Datum des 12. Dezembers 1942 wird von Müttern berichtet, deren Söhne das letzte Schuljahr absolvieren. Zitat Edward Timms: »Die Frauen baten die Lehrer, die Söhne durchfallen zu lassen, um deren Militärdienst noch ein Jahr hinauszuzögern. Dies bringt Haag zu der Frage, ob ›das deutsche Volk – voran die deutsche Mutter – doch wieder zurückfindet zu den wirklichen naturgegebenen Mutterinstinkten?‹« Darunter ist ein Artikel aus der Lokalpresse eingeklebt, mit der Überschrift: »Das Getto in Luck«. Es ist der (erstaunlich entlarvende) Bericht von der Räumung eines der vielen von den deutschen Besatzern errichteten Judenghettos. »Jetzt sind sie fort –«, heißt es da lapidar, bevor die hygienischen Zustände im nunmehr leeren Ghetto in drastischen Farben ausgemalt werden. »… eine Kloake des Untermenschentums, für die es auf dem ganzen Kontinent keinen Vergleich gibt.« Auf der gegenüberliegenden Tagebuchseite findet sich eines der Pressebilder dieser Zeit. Es zeigt Hitler im Gespräch mit einigen Generälen, in Begleitung des Reichsministers für Bewaffnung und Munition, Albert Speer, der in den Nürnberger Prozessen ein vergleichsweise mildes Urteil erhielt und nach zwanzig Jahren Haft wieder auf freien Fuß kam.

VIRGINIA WOOLF, Tagebücher 5 (1936-1941), Frankfurt a. M., 2008

Nach dem Überfall auf die Niederlande und Belgien beschlossen die Woolfs, gemeinsam zu sterben, sollte den Deutschen die Invasion der Insel (Unternehmen »Seelöwe«) gelingen. Als hätten sie von den Einsatzplänen des SS-Führers Alfred Six Kenntnis gehabt, machten sie sich keine Illusionen über ihr Schicksal. Leonard Woolf war Jude und Sozialist, die beiden wußten, die Vorgänge im besetzten Frankreich vor Augen, daß die mit der Wehrmacht einrückende Gestapo in England dasselbe tun würde, was sie auf dem Kontinent mit dem jüdischen Teil der französischen Bevölkerung bereits praktizierte. Für den

Ernstfall horteten die Eheleute Benzin in der Garage und beschafften sich Gift.

HEINZ BUDE, Bilanz der Nachfolge. Die Bundesrepublik und der Nationalsozialismus, Frankfurt a. M., 1992

Für die sterbenden Kälber

MARTIN HEIDEGGER, Der Feldweg, Frankfurt a. M., 1953

THEODOR W. ADORNO, Der Jargon der Eigentlichkeit, Frankfurt a. M., 1964

JOSEPH BRODSKY, Kriegsbeute, aus: Der sterbliche Dichter. Über Literatur, Liebschaften und Langeweile, München, 1998

JOE HEYDECKER, Der Nürnberger Prozeß, Frankfurt a. M., 1979

RAUL HILBERG, Die Vernichtung der europäischen Juden, Berlin, 1982

Stichwort »Achsenmächte«

Im Herbst 1937 treffen sich Mussolini und Hitler zu einer Demonstration gemeinsamer Stärke in München, das seit der Machtübernahme durch die Nationalsozialisten als Hauptstadt der Bewegung gilt. Auf dem Königsplatz nehmen sie vor dem heimischen Publikum eine Parade ab, beide in Uniform, bekennende Militaristen, mit Orden und Ehrenzeichen behängt, im Kreis ihrer gleichfalls uniformierten Gefolgsleute. Hitler hat die Hände vorm Gemächt gekreuzt wie ein Fußballspieler beim Elfmeter. Sie versuchen, das Gesicht zu wahren, starren geradeaus, als wüßten sie schon, daß zwischen ihnen ein Gebirge von Lügen sich auftürmen wird. Sie setzen sich als Garanten des Friedens in Szene, den der eine schon brach, der andere brechen würde, zum Entsetzen der Welt. Der Duce mag glauben, daß es für diesmal gutgeht. Er fühlt sich beauftragt als Imperator, neuer Augustus, Erbe des alten Römischen Reiches, für das neue Italien ein Kräftegleichgewicht mit Germanien auszuhandeln. Sein Volk, zwischen Ätna und Brenner eingeklemmt, fürchtet die Expansion Großdeutschlands und einen Krieg, von dem es weiß, daß es ihn nur verlieren kann. Einen Anschluß Österreichs will er nicht dulden, so dicht dürfen die Deutschen ihm nicht auf die Pelle rücken. Daß er ihn dennoch bald akzeptieren muß, hat mit der eigenen Lust auf Abenteuer zu tun. Daß die Westmächte Mussolinis Eroberung Abessiniens geschluckt haben, versteht der Mann aus Braunau als Signal, endlich in Wien aufzutreten.

Nach dem Treffen beginnt der hektische Ausbau der Verteidigungsstellungen im Gebirge. Noch heute kann man die mächtigen Bunkeranlagen in den Tiroler Alpen besichtigen. Mussolini fühlt sich als Nachfolger des Kaisers Augustus. Erst dieser Tage hat das Regime ihn in der großen Zweitausendjahrfeier in Rom, der *Mostra Augustea* im *Palazzo delle Esposizioni*, als seinen legitimen Nachfolger inszeniert. Der Faschismus, das bezeugen die Rutenbündel auf Plakaten und Fahnen, an den Fassaden aller öffentlichen Gebäude, steht in der Tradition augusteischer Macht. Dagegen scheint Hitlers Hakenkreuzpropaganda nur die Veranstaltung historischer Parvenüs zu sein.

Mussolinis Cäsarenkinn strafft sich, während der Deutsche (der gar nie ein Deutscher war) stolz zwischen den Seinen umherschreitet wie ein Kapaun, mit geschwellter Brust. Den Germanen mißtrauend, wird Mussolini schon bald im geheimen die Grenzen befestigen. Entlang der Einbruchslinie, vom Piemont bis hinüber nach Triest, muß eine Abwehrlinie gezogen werden. In den Gebirgsfels werden Bunker getrieben, entlang der alten Pässe in Richtung Süden entsteht eine Alpenfestung. Während der Straßenbau blüht wie überall, auch im Deutschen Reich, wird das Gestein an der Demarkationslinie zum neuen Bundesgenossen unterkellert, mit tiefen Stollen für eine ganze Schattenarmee, Stellungen für Geschütze, die bei der kleinsten Bewegung von Norden her die Einfallstraßen unter Beschuß nehmen. Man wird den Verbündeten den Weg versperren, sollten sie als Feinde kommen, man wird die frischgebauten Brücken mit Fernzündern sprengen, die Haarnadelkurven aus MG-Nestern beschießen im Falle eines Verrats. Und mit Verrat ist immer zu rechnen – so gut kennt man einander schon. In München begegnen sich zwei Räuber, faschistische Herrscher beide, sie umtänzeln einander nach den machiavellistischen Regeln von Fürsten, die aber nur Mafiabosse sind in einem Chicago der Moderne, Troglodyten beim Paarungstanz.

Anschließend reisen sie im »Führerzug« weiter in die Reichshauptstadt Berlin. Zahlreiche Pressephotos erinnern an das Ereignis. Erhalten hat sich auch eine zeitgenössische Propagandapostkarte. Ich drehe sie in den Händen, suche mit der Lupe nach Spuren der Dissonanz, Rissen in der Inszenierung gegenseitiger Täuschung. Das Fundstück sprang mir aus einer Schuhschachtel voller Photographien und Ansichtskarten auf dem Berliner Flohmarkt an der Straße des 17. Juni entgegen. Ich konnte nicht widerstehen, mußte es unbedingt aus dem

Strom des Vergessens ziehen – in den Geschichtsbüchern meiner Schulzeit war dergleichen nicht zu finden. Und auch später, in den zahllosen Monographien zum Thema Bündnispolitik zwischen den »Achsenmächten«, ist mir nichts annähernd so Ausdrucksstarkes begegnet. Es nützt nichts, sich von Dokumentarfilmen auf allen Fernsehkanälen berieseln zu lassen. Man begreift immer erst, wenn man die Zeugnisse wie zum ersten Mal selber in Händen hält. Die Karte trägt ein Datum und eine Handschrift in schwungvoller schwarzer Tinte. Auf der Rückseite hält ein SA-Mann, einer von vielen, die in der Zeremonie ihren Platz fanden, den großen Tag fest.

»Zur schönen Erinnerung an meinen Vorbeimarsch vor dem Duce u. dem Führer
    am 25. Oktober 1937
an den beiden Ehrentempeln am Königlichen Platz in München, als 3. Mann im 1. Glied (bei 12er Reihen) der SA-Gruppe Hochland.
    Scharführer F.G.
    Sturm 3 / S2, München.
Die Rückkunft des Duce von Berlin machte ich als Hilfspolizist am Bahnhof München-Süd 22einhalb Stunden hintereinander von 7 h bis nochmal 1 h bis früh 5 h SA-Dienst.«

Damit war der absurde Organisationsaufwand, die Präzision im Pompösen solcher Staatsaktionen, bis auf die Minute genau festgehalten von einem, der sich stolz als Rädchen im Getriebe begriff. Was er nicht sehen konnte in seiner Bewunderung für das Ritual, erfüllt von der historischen Größe des Augenblicks, war das eifersüchtige Spiel der Machtkontrahenten, die Konkurrenz vom Meister und seinem Gesellen, der Balztanz zweier Tyrannen vor den Massen – Steilvorlage für einen Komiker

wie Charlie Chaplin. Der Hollywoodstar fand in den Wochenschauszenen das Rohmaterial für seinen Klassiker »Der große Diktator« von 1940. Die Botschaft seiner Satire: Faschismus, das war das unfreiwillig Komische, die operettenhafte Variante militärischer Machtsinszenierung. Natürlich, nur ein Jude konnte die Frechheit besitzen, sich derart lustig zu machen über den Führerstaat als Garanten von Zucht und Ordnung. So verfestigte sich beim großen Publikum der Eindruck, Charlie Chaplin, der kleine dunkelhaarige Darsteller in der Doppelrolle des Diktators *Hynkel* und eines jüdischen Friseurs in einem Ghetto in Polen, müßte selber Jude sein – Karikatur des Juden für die Antisemiten der Welt. Als solcher erschien Chaplin dann wenig später in »Der ewige Jude«, einem der übelsten Propagandafilme der Nazis. Darin sollten Szenen aus seinen Slapsticknummern die Elendsatmosphäre osteuropäischer *Schtetl* illustrieren. Für die Generation meiner Großeltern galt: Chaplin, der Mann mit den lächerlich großen Schuhen, den zerknitterten Hosen, der räudige Stadtstreicher, mußte natürlich Jude sein, was denn sonst? Ein klassisches Beispiel für die Wirkmächtigkeit von Vorurteilen. Es ehrt ihn und sagt einiges über den Freiraum der Entertainer von gestern, daß er die falsche Legende niemals dementierte.

In ihrem Essay »Die verborgene Tradition« sah Hannah Arendt gerade in seinem Fall das Paradebeispiel für das Versteckspiel der Verfolgten. Chaplin war für sie der Paria *par excellence*. Nach Aussagen enger Freunde habe er das Gerücht bewußt kursieren lassen, als Bekenntnis gegen den Antisemitismus, der anscheinend nicht einmal in Amerika nie totzukriegen war. Die Philosophin beharrte bis zuletzt auf ihrer Deutung und beklagte sich bitter, daß Chaplin sich hartnäckig weigerte, Jude zu sein.

Für einen wie den Münchner SA-Mann wäre der Chaplin-Film mit seiner Führerverhöhnung ein Schlag ins Gesicht gewesen. Hätte er begreifen können, warum das Ganze so komisch war wie die Umständlichkeiten vor einer Hinrichtung? Einfahrt des Regierungszuges am Bahnhof der Hauptstadt von *Tomanien*, erwartet wird der Herrscher von *Bakteria*. Mit dem Ausrollen des roten Teppichs kommt die Choreographie ins Stottern, hektisch wird das Treppchen für den Waggon, dem *Benzino Napoloni* als Staatsgast des *Anton Hynkel* entsteigen soll, hin- und hergetragen, mehrmals saust der Zug vor und zurück. Noch ist *Osterlitsch* nicht dem Deutschen Reich einverleibt. Als der reale Mussolini vom Anschluß Österreichs hört, beginnt er zu toben und begreift Hitler als den Vielfraß, der auch Italien verschlucken wird, wenn es ihm paßt. Der historische Moment unterm Vergrößerungsglas der Komödie: Die Schranzen eilen alle wie Insekten umher. Alles geschieht, wie in einem bösen Traum, ruckartig – aber nicht so, wie es die Wochenschau vorführt, untermalt von der schnarrenden Stimme von Harry Giese. Das entsetzlich Reale wird im Zerrbild der surrealen Groteske verdeutlicht: Zwei Fliegen in Phantasieuniformen und ihr aberwitziges, aufgeregtes Gesurre – für immer eingesperrt im Doppelglasfenster der Historie.

Von einer Faschingskomödie spricht auch Ignazio Silone in seiner frühen Studie *Der Fascismus* (1934 in der neutralen Schweiz erschienen), wo es über Mussolini heißt. »Er ist dazu verdammt, bis ans Ende seines Lebens den Karnevalscäsar zu spielen, seine Gesichtsmuskeln immer in der Gewalt zu haben, damit die Welt das hervortretende römische Kinn und den napoleonischen Blick sieht. Dieses obszöne Gemisch aus Gegenwärtigem und Vergangenem läßt das heutige italienische Kulturleben wie einen Film wirken.« Und Siegfried Kracauer ergänzt, mit dem Blick des Kultursoziologen, der die Filmindustrie der Weimarer Republik retrospektiv erfaßt hat: »Ein anderes Merkmal dieser Welt ist, daß sie sich bis tief in die Regionen des Absurden hinein erstreckt; wird doch die Absurdität dann zur Notwendigkeit, wenn das Unerfüllbare als erfüllt gelten muß. Infolge ihres konsequenten und zugleich absurden Charakters hat die Pseudorealität etwas von einer lebendig gewordenen Irrenzeichnung an sich.«

Der Humor aber, jüdisch oder nicht, hat nie lockergelassen, wenn es darum ging, totalitäre Hybris bloßzustellen. In Paris beugten die Surrealisten sich begeistert über Pressebilder wie diese. In ihrer Zeitschrift *Documents* waren sie das Beweismaterial für die Massenpsychologie der Moderne. Photodokumente, aus dem Kontext gerissen, sollten das Spektakuläre ergründen. Der menschliche Zeh als Riesenplastik, die dunklen Genitalien in Großaufnahme, abgeschnittene Rinderbeine, eine Fetischmaske, kombiniert mit den Insignien päpstlicher wie jeder anderen Macht – alles präsentierte sich ihnen im Spiegel ästhetischer Verfremdung.

Auch der Bericht des unbekannten SA-Mannes, eines braven Pedanten, fügt sich in diese Welt des blutigen Kasperletheaters ein. Er ist die Witzfigur in einem surrealen Grand Guignol, nur weiß er es nicht, da er Deutscher ist. Vollständig aufgegangen in der Rolle des subalternen Uniformierten, wird er zum Buchhalter unbegreiflicher Ereignisse, die er minutiös protokolliert. Ich betrachte das Fundstück (Photo-Hoffmann, München, Theresienstraße) wie einen Splitter im eigenen Fleisch. Meine Ahnen, allesamt kleine Leute – was für Menschen das waren, läßt sich von heute aus nur mehr erahnen. Die Vorfahren – nach einem Wort, das mir immer als abstoßend erschien, die Altvorderen – sind nun alle im Dunkel der Zeiten verschwunden, versunkenen mitsamt der Theaterbühne, auf der sie ihre Rollen spielten, die kleinen wie die großen, dem Gelächter der Nachgeborenen gnadenlos ausgeliefert.

ZYGMUNT BAUMAN, Retrotopia, Frankfurt a. M., 2017

UMBERTO ECO, Urfaschismus, *DIE ZEIT*, 7. Juli 1995

LUTZ HACHMEISTER, Der Gegnerforscher. Die Karriere des SS-Führers Franz Alfred Six, München, 1998

Die Historiker sprechen von der Polykratie im NS-Staat, von einem konkurrierenden System verschiedener Dienststellen, die über Nacht entstanden. Später wurden sie, je nach Großwetterlage und den Launen des Diktators, dem realen Kriegsverlauf angepaßt. Für Diplomaten, Akademiker, Journalisten, geborene Bürokraten aller Art mag das der Alptraum gewesen sein, am Ende aber konkurrierten sie alle um die pünktliche Erfüllung der Vorgaben des »Führers«. Sie waren darauf trainiert, »dem Führer entgegenzuarbeiten«, eine Formel, die der britische Hitlerbiograph Ian Kershaw in den Akten eines preußischen Staatssekretärs fand.

So auch Franz Six und seine Mitarbeiter aus den einschlägigen Sachgebieten. In einem der ihm unterstellten Referate wurden die Pläne für eine koordinierte SD-Judenpolitik entwickelt, in enger Absprache mit der benachbarten Gestapo. Zu den prominentesten seiner Protegés zählte Adolf Eichmann, den Six nach dem Anschluß Österreichs 1938 sofort nach Wien entsandte, wo dieser das Modell einer Behörde zur Vertreibung und wirtschaftlichen Ausplünderung der Juden entwickelte: die *Zentralstelle für jüdische Auswanderung*. Damals kursierten noch diverse Vorstellungen von einer Umsiedlung der Juden, von einer Absprache mit den zionistischen Verbänden, die einen eigenen Judenstaat im britischen Mandatsgebiet Palästina im Blick hatten; daraus entstand etwa der abenteuerliche »Madagaskar-Plan«, der sich bald als undurchführbar erwies. Im Auftrag von Franz Six wurden Adolf Eichmann, der spätere Deportationsexperte, und Herbert Hagen, SS-Sturmbannführer, Leiter der Abteilung »II / 112: Juden« im SD-Hauptamt, auf eine Dienstreise nach Palästina entsandt, um die Möglichkeiten einer geordneten Ausbürgerung zu sondieren. Von britischer Seite aber erhielten sie nur die Erlaubnis, sich einen Tag lang in Haifa aufzuhalten (26. September 1937), dann wurden sie außer Landes verwiesen und konnten in Kairo zusehen, was mit der arabischen Seite an Verhandlungen möglich war. Über die Einrichtung einer deutschen Luftfahrtlinie nach Palästina wurde mit dem jüdischen Unterhändler Feivel Polkes, Funktionär der militärischen Geheimorganisation »Haganah«, gesprochen.

Daraus wurde so wenig wie ein Jahr später bei den Gesprächen auf der Internationalen Flüchtlingskonferenz in Evian aus den Plänen, die Juden als Asylsuchende kontingentweise auf die Teilnehmerländer zu verteilen. Denn nun waren die Grenzen geschlossen. Das Boot war voll, wie die Formel lautete, die seither bei jeder Flüchtlingswelle pünktlich wiederkehrt. Nachdem Hitler den Krieg entfesselt hatte, waren die Weichen für die Vernichtung der europäischen Juden gestellt. Von da an wurden sie als potentielle Gegner behandelt, die Züge fuhren nach Chelmno, Belzec, Sobibor, Treblinka und Auschwitz. Sechs Millionen (und mehr) jüdischer Menschen wurden von den Betreibern der Ausrottungspolitik in die Tötungsmaschinerie geschoben. Die Gerichte hatten später nur mehr zu klären, wer daran mittelbar oder unmittelbar beteiligt war. Einer wie Alfred Six steht hier stellvertretend für die Elite der Mordplaner, die unerkannt davonkam – für den kühlen Funktionärstyp der Stunde. Nach Adorno war Kälte »das Grundprinzip der bürgerlichen Subjektivität, ohne das Auschwitz nicht möglich gewesen wäre«. Oder, in der verräterischen Sprache der Mörder: »Gegen Ratten kämpft man nicht mit dem Revolver, sondern mit Gift und Gas...« (Memorandum der Münchner SD-Zentrale an Reinhard Heydrich)

PAUL CELAN, Der Meridian, Endfassung – Vorstufen – Materialien, Tübinger Ausgabe, Frankfurt a. M., 1999

KARL PHILIPP MORITZ, Anton Reiser. Ein psychologischer Roman, Berlin, 1785-1790

WILHELM HAUSENSTEIN, Licht unter dem Horizont. Tagebücher von 1942 bis 1946, München, 1967

»Die Ereignisse und Dinge um den ›Führer‹ her sind alle *wie für den Film gestellt*: nichts geschieht aus sich, um seiner selbst willen, sondern alles dazu, erst in der *Reproduktion*, als *Kino*vorgang ›aktuell‹ zu werden. [...] *Es ist wichtig zu wissen, daß alles zwi-*

schen 1933 und 1945 in der unmittelbaren Realität sozusagen indifferent, in der Reproduktion dagegen effektiv wurde. Diese *Verschiebung* der Verhältnisse erklärt viel von dem, was sonst unfaßbar wäre: man verwandelt Realitäten in Kino, um sich der Verantwortlichkeit für die Realität zu entziehen und in der ordinären Reproduktion, die Kino heißt, dann doch noch den besonderen Akzent zu genießen, den sonst die photographische Pornographie gewährt.« (6. Mai 1945) Diese erstaunlichen Sätze trug der Publizist und Kunsthistoriker Wilhelm Hausenstein am 6. Mai 1945, noch kurz vor Kriegsende, in sein Tagebuch ein. Drei Tage später stellt er ernüchtert fest: *»Es erschreckt, nein entsetzt, zu sehen, daß die Katastrophe in den Menschen keinerlei moralische Veränderung hervorbringt.«* »So hat der Hitler-Deutsche *jeden* Strom durch sich hindurchgelassen: Judengesetze, das Bombardement der Städte, Garottierung von Offizieren, jegliche Schändlichkeit, auch die unsagbarste; er ließ sie durch sich hindurch wie durch einen *immunen* Organismus.«

ARTHUR GEORGE WEIDENFELD, The Goebbels Experiment. A Study of the Nazi Propaganda Machine (Zusammen mit Derric Sington), London, 1942

Eine der ersten seriösen Studien über »politisches Marketing« am Beispiel des Reichspropagandaministeriums und seines diabolischen *spiritius rector* Joseph Goebbels. Der Autor, Sproß einer jüdischen Wiener Familie, war neunzehn Jahre alt, als Hitler den Anschluß Österreichs in seiner Heldenplatzrede verkündete. Weidenfeld emigrierte nach London und arbeitete dort für die BBC, als Kenner der deutschen Verhältnisse hauptsächlich für den *Oversea Service*. In dieser Zeit bis zum Beginn des Zweiten Weltkrieges entstand seine Analyse der Propagandatechnik der Nazis, die nebenbei eine Studie zur Rolle der

Massenmedien und der Werbestrategien in modernen Gesellschaften wurde. Weidenfeld war nach dem Krieg als Journalist tätig und als Verleger (unter anderem von Vladimir Nabokovs Skandalroman *Lolita*), er war einer der meistgefragten Experten in Sachen politischer Medientheorie. So beriet er verschiedene Staatsoberhäupter und publizierte ihre Memoiren (de Gaulle, Adenauer, Golda Meir, Kissinger, Schimon Peres). 1969 erhob ihn die Königin für seine Verdienste um England in den Adelsstand.

Lord Weidenfeld ist der Stifter der nach ihm benannten *Lectures* am St Anne's College der Oxford University, in deren Rahmen die vorliegenden Vorlesungen im Mai 2019 gehalten wurden.

GILLES DELEUZE, Kritik und Klinik, Frankfurt a. M., 2000

WALTER BENJAMIN, Über den Begriff der Geschichte, New York, 1942, Frankfurt a. M., 1950

INGEBORG BACHMANN, Zitat ohne Quellenangabe

BILDNACHWEIS

Bayerische Staatsbibliothek München / Bildarchiv, Foto: Heinrich Hoffmann: S. 25
Bundesarchiv, Berlin, R9361 III – 194657: S. 131
Dresdner Hefte, Beiträge zur Kulturgeschichte, herausgegeben vom Dresdner Geschichtsverein e.V., 16.Jg., Heft 53, 1/1998, Dresden als Garnisonstadt, Redaktion: Hans-Peter Lühr, S. 96
Edmund Kalb Archiv / Rudolf Sagmeister: S. 16, 17, 19, 21
National Archives at College Park, Maryland, Foto: Heinrich Hoffmann: S. 158
Postkartenarchiv Durs Grünbein: S. 13, 25 (Fotos S. 25: Heinrich Hoffmann), 32, 35, 41, 46, 48, 51, 59, 60 (Foto S. 60: Dörte Schmidt/Transocean), 65, 69 (Abb. S. 69: Ausschnitt aus dem Gemälde *Aufstieg zum Irschenberg* von Wolf Panizza), 70, 72, 81 (Foto S. 81: Presse-Foto-Koch, Dresden), 93, 94, 97, 98 (Foto S. 98: Walter Hahn), 102, 104, 105, 106, 107, 116, 126, 127, 158 (Foto S. 158: Heinrich Hoffmann)
SLUB Dresden / Deutsche Fotothek / Walter Hahn: S. 98
Stadtarchiv Stuttgart 2022 Nachlass Anna Haag 48, © Sabine Brügel-Fritzen (Anna-Haag-Nachlass): S. 152
The Museum of Modern Art (MoMA), New York, *Britain at War*, Katalog zur Ausstellung 23.5.–2.9.1941, herausgegeben von Monroe Wheeler, Texte von T. S. Eliot e.a., 1941, S. 75, Repro: © 2020 The Museum of Modern Art, New York / Scala, Florenz: S. 91
Weitere Nachweise über das Bildarchiv des Suhrkamp Verlages

Dank

Vor allem schulde ich Karen Leeder Dank, Professorin am New College in Oxford, ohne die es diese Vorlesungen nicht gegeben hätte. Sie stand mir mit Rat und Tat zur Seite und stellte pünktlich vor jedem Auftritt die englische Übersetzung bereit.